Para DAVID:
RECUERDA que el AMOR
De ES UNA DECISIÓN

EL AMOR SE CONSTRUYE

Planeta

EL AMOR SE CONSTRUYE

NELLY ROJAS DE GONZÁLEZ

Planeta

Colección:
Respuestas

Ilustración de la cubierta: Photo Images

Armada electrónica:
Editorial Planeta Colombiana, S. A.

Colombia: www.editorialplaneta.com.co
Venezuela: www.editorialplaneta.com.ve
Ecuador: www.editorialplaneta.com.ec

Calle 21 No. 69-53
Bogotá, D. C. - Colombia

ISBN: 958-42-0510-2

Primera edición: febrero de 2003

Impresión y encuadernación: Editorial Nomos S. A.

Impreso en Colombia

Mas yo os muestro un camino todavía más excelente. Si yo hablare las lenguas de los hombres y de los ángeles, mas no tuviere amor, no soy sino un bronce resonante y un címbalo que retiñe. Y si poseyere la profecía y conociere todos los misterios y toda la ciencia, y si tuviere toda la fe de tal manera que trasladase montañas, mas no tuviere amor, nada soy. Y si repartiere todos mis bienes y si entregare mi cuerpo para ser abrasado, mas no tuviere amor, de nada me sirve.

El amor es sufrido, es benigno, el amor no tiene envidia, el amor no es jactancioso, no se envanece, no hace nada indebido, no busca lo suyo, no se irrita, no guarda rencor, no se goza de la injusticia, antes se goza con la verdad. Todo lo disimula, todo lo cree, todo lo espera, todo lo soporta.

El amor jamás decae... Ahora subsisten la fe, la esperanza y el amor, estos tres.
Pero el mayor de ellos es el amor.
(I Corintios, 13, 1-13)

El propósito de este libro es ayudar a "construir el amor" en las parejas y es, además, la expresión de mi gratitud a Jesús, el gran maestro del amor.

Índice

Introducción

Estas páginas son una guía para aquellas parejas que quieren formar un vínculo íntimo en que el amor sea un diálogo que parte del respeto y la ternura, que se construye día a día con base en la aceptación de la diferencia. La obra hace hincapié en los aspectos esenciales y eminentemente prácticos del manejo de la relación vincular y familiar.

En el primer capítulo se explican los conceptos más importantes de lo que significa ser pareja; las bases sobre las cuales cada individuo puede construir una relación que funcione y enriquezca; la necesidad de resolver los duelos y las pérdidas del pasado, así como los conflictos con la familia de origen. Todos estos elementos deben tenerse en cuenta para elegir un determinado tipo de pareja. Es muy diferente un noviazgo a una relación estable, porque cuando se inicia la convivencia, las necesidades afectivas no resueltas en el pasado generan expectativas idealizadas de amor incondicional que, de no ser enfrentadas y resueltas, producen graves crisis que incluso pueden llevar a la ruptura.

El segundo capítulo habla de las diferencias entre el enamoramiento, el verdadero amor y las relaciones dependientes, resaltando la importancia de conocerse a sí mismo y conocer con quién se va a convivir y cómo son sus familias, elementos clave para construir un verdadero vínculo sentimental. También se explican las diferentes etapas por las que atraviesa una relación —cuando llegan los hijos, cuando se van y la pareja en la edad madura— y cómo pueden supararse los problemas que surgen en cada una de ellas.

El tercer capítulo trata de las profundas diferencias entre el hombre y la mujer, el lenguaje, la educación, el manejo del afecto y del compromiso y las distintas perspectivas frente a los hijos.

El cuarto capítulo plantea los principales ejes que conforman el vínculo íntimo de la pareja: el afecto o capacidad de amar y de comprometerse en una relación estable compartiendo alegrías y pérdidas; la comunicación o capacidad de validar las diferentes formas de pensar, sentir y comportarse que caracterizan a cada género; el sexo o actitud amorosa y sensual que rompe con la rutina; y el manejo del dinero, porque a través de él se obtienen poder y control sobre el otro miembro de la pareja, se procura bienestar o malestar y se establece un vínculo desigual o simétrico, este último base de los vínculos funcionales.

En el quinto capítulo se estudian las dificultades más comunes y cotidianas del proceso amoroso, como la rutina, la infidelidad y los celos, la violencia intrafamiliar, la separación, el desamor y sus causas, la dinámica según el género y sus consecuencias en el vínculo, así como la forma de enfrentarlas.

Finalmente, el último capítulo hace relación al tratamiento de la pareja, los casos que ameritan consulta y el papel del terapeuta.

Esta obra se convierte en una herramienta útil no solamente para las parejas sino para quienes tratan de solucionar sus problemas; aún más, es una guía para prevenir conflictos y evitar dolorosos resultados.

CAPÍTULO 1

Conceptos esenciales acerca de la pareja

¿Qué significa ser pareja?

Vivir en pareja es una lucha diaria por aceptar la diferencia en cuanto a las necesidades afectivas, las maneras de pensar y de sentir. La pareja ideal en la que los individuos no pelean, son fieles, se aman eternamente y siempre están felices, no existe.

¿Por qué unas parejas funcionan y otras no? ¿Cuál es el secreto para seguir amándose, para respetarse y comprenderse cada día más?

No existe una receta. La respuesta está en hechos concretos, reales y sencillos que se viven día a día y que se expresan a través del compromiso emocional, la comunicación y la intimidad.

Lo esencial para lograr una armoniosa vida en común es el delicado equilibrio entre la autonomía y la dependencia, entre la libertad y el camino que ha de recorrer uno al lado del otro. Este equilibrio es el que establece la distancia para que dos seres «construyan el amor» y puedan sortear las crisis inevitables de dos personas que evolucionan y de un mundo convulsionado por la angustia y por las pérdidas.

La pareja no es estática: ella avanza o retrocede diariamente. El uno pide al otro una parte de sí mismo y al mismo tiempo pone un límite para defenderse de su invasión. Somos dos sin dejar de ser uno, pero también ese uno está hecho de los dos.

La pareja que funciona bien es la que sabe comunicarse. Sus gestos, las actitudes, sus sonrisas, su voz, están en sintonía. Hay una gran complicidad. Después de un tiempo de convivencia saben percibir lo que les gusta o les disgusta, lo que les causa dolor y sufrimiento, lo que es positivo para ambos, y además pueden expresarlo de una manera adecuada. De esta forma escapan de la rutina.

Las parejas que se entienden bien no sólo hacen el amor con el mismo placer sino que se lo comunican. Dejan de lado su propio centro para cuidar del otro, dándole caricias, besos y abrazos que son el lenguaje natural del afecto. Pueden expresar una y otra vez, con profundo sentimiento y a través del tacto y la palabra, emociones tales como la ternura, el entusiasmo, el erotismo y el deseo.

Las parejas que funcionan recuerdan cómo, cuando estaban enamorados, le llegaban al corazón de su compañero o compañera. Tal vez aprendiendo a conocerse y hablando de sus cosas tratan de volver la conversación una aventura recordando situaciones del pasado que enriquecen la relación.

Algunas veces vienen a su mente recuerdos amargos, pero logran centrar el diálogo en los eventos actuales, lo cual les permite gozar el momento y hacerlo más íntimo.

Una relación de pareja es capaz de superar un pasado difícil, procesarlo y enfrentar el futuro. Revivir el pasado de modo recurrente produce un resentimiento que bloquea la capacidad para perdonar e impide mirar hacia adelante. El olvido necesita tiempo y una elaboración interior que desmonte los hechos que ocasionaron dolores y sufrimiento. No hay perdón si no hay un cambio de actitud acompañado del deseo de olvidar.

Las parejas que se entienden bien no lo hacen todo juntos. Tienen frecuentes espacios necesarios para enriquecer su lazo afectivo y manejar la rutina, pero saben disfrutar del ocio individual en el que cada uno cultiva su afición o pasatiempo favorito. Y tienen además espacios para los hijos y para actividades sociales; en ellos la pareja se abre a los demás y goza con sus amigos.

En el mundo actual, la vida en pareja sigue siendo una aventura capaz de motivar a millones de personas. Pero es necesario saber escoger el compañero o la compañera porque se van a compartir la vida, los hijos, la cama, el baño, el presupuesto y la libertad. No es suficiente el amor; son necesarios el respeto, la tolerancia y la intención de aprender ciertas habilidades para rectificar errores, superar hábitos y costumbres y lograr acuerdos.

Las parejas que funcionan también pueden enfrentar los problemas económicos, por muy difíciles que parezcan. Porque hablar del dinero es hablar de cómo es la relación de pareja y de cómo se distribuye el poder y la autoridad en la vida diaria. Si la pareja puede discutir en forma eficaz sus problemas, si puede comunicarse, expresar sus sentimientos afectivos y sexuales, también podrá compartir las graves crisis económicas. Esto es más importante que la compatibilidad de caracteres en la pareja e incluso puede resultar más definitivo que el amor, por grande que éste sea.

Para mantener el amor y una armoniosa vida en común es necesario:

- Conservar la igualdad en la pareja y respetar la individualidad de cada uno de sus miembros.
- Lograr una comunicación eficaz en la que se pueda expresar lo que se piensa y se siente de la manera más adecuada, respetando la diferencia de opiniones y criterios, y sin hacer del pasado una barrera que impida el enriquecimiento del vínculo.
- Permitir que fluyan sentimientos de ternura, cariño y afecto en la pareja. Ellos ayudan a erotizar el ambiente para construir día a día una sexualidad más plena.
- Aprender a manejar las dificultades cotidianas del dinero con actitud positiva y sin culparse. La tolerancia y el respeto mantienen a raya la posibilidad de que el dinero sea un arma que lesione el vínculo amoroso.

Si todos los puntos anteriores no se desarrollan en diferentes espacios donde se goza y se expresan desacuerdos —espacios de pareja, con los hijos, personales, con los amigos y familiares—, será imposible el aprendizaje de habilidades que permitan cambiar una actitud de reto en una de conciliación.

¿Qué espera usted de su pareja?

Los acontecimientos nos afectan no por lo que son en sí, sino por la valoración que hacemos de ellos. Las expectativas son factores que influyen en las acciones y reacciones de cada individuo de la pareja y modulan su vida cotidiana. La forma de evaluar la realidad y de enjuiciar los acontecimientos está condicionada por la óptica personal y por la educación que cada miembro ha recibido respecto al papel de ser hombre o de ser mujer.

¿Buscamos a alguien que llene las carencias del pasado, en forma incondicional, como no lo pudieron hacer nuestro padres? ¿O es la pareja la que «soluciona» el problema de soledad que no pudimos enfrentar? ¿O tal vez casarse fue una decisión para no quedarse sin pareja porque eso es un estigma en nuestra sociedad?

Elegir pareja no es solamente una decisión de la razón sino del corazón, más aún del inconsciente, que es una parte de la mente que desconocemos pero que dirige la conducta tanto o más que el consciente.

Son muchos los aspectos del pasado (niñez y adolescencia) que quedan sin resolver: muertes, pérdidas económicas, separaciones y rupturas que quedan represadas en el inconsciente. Si estos duelos no se enfrentan, bloquean las futuras relaciones amorosas mediante sentimientos negativos de rabia, depresión, resentimiento, tristeza o venganza que generan interminables peleas entre los miembros que conforman el vínculo.

Porque lo primero que se deposita en una pareja que inicia la convivencia, se trate de la primera, segunda o tercera unión, son los problemas de ese pasado no resuelto, no sólo con los padres y otras personas de la familia de origen, sino también con parejas anteriores.

Generalmente hay varias elecciones antes de una definitiva con miras a la convivencia, pero lo preocupante es que, a pesar de los ensayos fallidos, se sigan cometiendo los mismos errores y se repitan los modelos de relación que no contribuyen al desarrollo de la persona y menos todavía a su felicidad. De allí la importancia de averiguar, ojalá antes de establecer una relación de convivencia, cómo fueron las relaciones entre el padre y la madre, y de cada uno de ellos con los individuos que formarán la pareja; qué patrones de comunicación les transmitieron en cuanto a la manera de dar y recibir afecto, de discutir, de hacer el amor, respecto al manejo del dinero, la diversión, la forma de trabajar y la manera de tratar a los hijos. Porque las personas tienden a escoger su pareja de acuerdo con los modelos que reproducen a lo largo de la vida y que por lo general tienen que ver con su pasado. Es el caso de los hombres que han tenido una madre indiferente o que los ha abandonado y eligen justamente una mujer que repite ese modelo. O una esposa que elige a un hombre violento, repitiendo irónicamente la misma relación que tuvo con su padre agresivo. La pareja muestra las viejas heridas de las guerras anteriores.

Algunos estilos educativos pueden interferir y distorsionar la comprensión de la realidad produciendo conflictos en la comunicación de las parejas: las personas educadas en un ambiente de sobreprotección o dependencia no cultivan su propia individualidad y exigen dedicación; otras, educadas para complacer a los demás, sitúan sus deseos por debajo de los del otro; y hay quienes actúan con tiranía controlando la relación en todas sus facetas con la creencia de que si su pareja piensa diferente es que está en contra.

Las parejas se constituyen entonces con base en las diferentes expectativas. Lo que complica todo es que sean irreales y que no se compartan porque se supone que son obvias. Cuando son falsas e irreales y tienen que confrontarse en la cotidianidad constituyen uno de los motivos de crisis más graves entre las parejas, y pueden llevar a la ruptura.

Las personas hablan poco de estos temas cuando van a estabilizar su unión. Creen que al convivir se instalarán por arte de magia los elementos necesarios para el verdadero amor.

El drama de la mayoría de las parejas radica en el desconocimiento de sus propias necesidades o expectativas afectivas y las de su cónyuge, no satisfechas en el pasado; esto dificulta acordarlas o negociarlas en el presente. Lo irónico es buscar precisamente en nuestra pareja más de lo mismo: la agresión de que fuimos objeto, la falta de caricias o el abandono que se vivió.

De allí que los rasgos que uno tiene y que ve reflejados en el cónyuge sean los que más se critiquen; por ejemplo, el hombre que es infiel puede ver esa posibilidad constantemente en su esposa y celarla, para gran sorpresa de ella. O aquello de lo que uno carece, es más fácil verlo como un espejo en la pareja y criticarlo: falta de caricias, de comunicación, de erotismo y de sexualidad.

En pocas palabras, uno busca en su pareja lo que le falta, y a su vez lo critica porque no se lo dieron en su infancia.

Revise esta lista de necesidades afectivas y discútalas con su pareja. Esto les ayudará a definir cómo mejorar el nivel de satisfacción.

Necesidades o expectativas emocionales

- Que me manifieste físicamente el afecto (caricias, besos, abrazos).
- Que me diga que me quiere.
- Que respete mi espacio y me deje hacer mis cosas.
- Que me entienda sin tratar de juzgarme cuando le expreso algo.
- Si tengo algún problema o preocupación, que pueda contar con su ayuda y colaboración.
- Que pase más tiempo conmigo.
- Que valore y dé importancia a lo que yo hago.
- Que podamos tener tranquilidad.
- Que me haga sentir la persona más importante en su vida.
- Que pase más tiempo con los niños.
- Que tenga detalles conmigo.
- Que sea independiente y haga cosas que le gustan.
- Que me ayude a tomar decisiones.
- Que tenga en cuenta mis necesidades.
- Que me escuche cuando le hablo.
- Que respete las cosas que son importantes para mí.
- Que me haga compañía.
- Que se ponga «en mis zapatos» para entenderme.
- Que acepte las críticas cuando se las hago de buena manera.

- Que podamos hablar abiertamente de temas sexuales.
- Que nos demos ternura cuando hacemos el amor.
- Que tomemos de común acuerdo las decisiones relacionadas con gastos de dinero.

Cuando las necesidades afectivas son muy importantes pero están insatisfechas, conviene revisarlas con la pareja y mirar en cada historia personal las carencias y vacíos que aún no están resueltos. Cuando uno se casa con una persona, también se casa con su familia. Porque nuestros padres o sustitutos han encauzado, en parte, nuestra proyección sentimental y la manera de relacionarnos afectivamente con el otro sexo. Cuando se elige pareja, se busca el mundo que es cercano, conocido y el estilo de vida que, de alguna manera, se ha vivido en el hogar.

Revisar estas ideas y juicios de valor es primordial para tener buen criterio y sentido de autocrítica, factores esenciales para comprender lo equivocado de las expectativas afectivas.

El respeto y la amistad

La confianza y el respeto por la otra persona son la base de una relación satisfactoria.

Si se tiene la certeza de que el compañero o compañera se preocupa en la misma forma por las necesidades de su pareja que por satisfacer sus propios deseos durante la relación, entonces existe un amigo de verdad en quien se puede confiar plenamente.

Si el marido no necesita que su esposa esté de acuerdo en todo lo que él plantea sino que la escucha, la entiende y reconoce lo que ella siente, entonces él es un buen amigo que prefiere «ponerse en los zapatos» de ella antes de pensar en las necesidades o deseos propios.

Si la esposa lo valida, es decir, reconoce que lo que él piensa y siente es tan válido como lo que ella argumenta, y lo hace sin ponerse a la defensiva, entonces ambos tienen una comunicación eficaz que les permite comprenderse y conocerse mejor.

Respetar y gozar de sus diferencias en lugar de sufrir por ellas, tener la capacidad de manejar los desacuerdos, valorar ser amigos antes que amantes, funcionar como un equipo de pareja, es lo que conduce a *construir* el verdadero amor de la pareja.

Pero ¿cómo lograr ser amigos?

1. Hablar de los sentimientos

Ambos miembros de la pareja deben estar dispuestos a conversar honestamente sobre sus emociones, mantener un ambiente amable y esforzarse por conservar el sentido del humor.

La capacidad para comunicarse y expresarse con honestidad se aprende a pesar de la edad y de las experiencias personales.

Si desean discutir un tema con mucha carga emocional, es mejor esperar a que ambos tengan tiempo para sentarse a hablar tranquilamente. Evítense estos temas en un momento inoportuno, tensionante, en un lugar inadecuado o donde no haya privacidad para estar atentos y tratar el asunto a fondo.

2. Detrás de todo mensaje se esconde un deseo frustrado, una queja

Si la pareja está «cantaleteando», con seguridad desea algo y lo que está intentando decir es: «Por favor, escúchame» o «Trata de entender mi dolor» o «Todos estos años he sido incapaz de decirte algo por temor a...». En lugar de ponerse a la defensiva por lo que la pareja diga, tratar de oír su petición, de escuchar ese «por favor» que se esconde detrás de sus palabras. Escuchar los mensajes ocultos que salen a gritos de su corazón. Tratar de pensar y de sentir lo que realmente está pidiendo y que por alguna razón no logra expresar en ese momento o hace días o incluso años. A fin de cuentas qué es más importante: ¿comprender la necesidad que se esconde detrás de las palabras de la pareja o probar que una vez más es uno quien tiene la razón?

3. El pasado en el presente

Cuando se descubre que entre los dos miembros de la pareja hay asuntos del pasado que se han quedado sin discutir, lo más probable es que hayan acumulado a lo largo de su historia de pareja algunos sentimientos negativos, como la ira, el rencor, la tristeza, la culpa, el deseo de venganza o la necesidad de defenderse. Estos sentimientos deterioran el vínculo y solamente desaparecerán cuando se tome la decisión de hablar sobre ellos. Lo peor para lograr una buena comunicación es ignorar los problemas, porque los sentimientos negativos crecen como una bola de nieve y debilitan los sentimientos positivos hasta llegar a un punto de no retorno en donde lo único que se ve hacia atrás es una larga lista de quejas acerca de las cosas que no marchan entre los dos. *Negar no es reparar.*

4. Tratar de tener una comunicación abierta y sin prejuicios

Iniciar la conversación sin culpar o pensar que la otra persona esta equivocada, pues será bien difícil que aflore la verdad si ya se tiene una opinión preestablecida. Además pone a su pareja a la defensiva.

5. Iniciar los mensajes en primera persona

Es mejor decir: «Yo me siento incómodo cuando elevas el tono de la voz», en vez de: «Como usted siempre me grita…».

6. Reconocer que ambos tienen algo de responsabilidad en lo que pasó

Una pareja está formada por dos personas que están en la solución o en el problema. Por ejemplo, es mejor decir: «Sí, yo cantaleteo a veces, sin embargo creo que tú no me escuchas», y no: «Usted es el culpable, porque nunca me escucha». Éstas son formas de hacer que al menos parte de la responsabilidad recaiga sobre ambos, lo cual contribuye a trabajar con más entusiasmo sobre el problema.

7. Comunicar los mensajes en forma de petición y no de queja, tratando de concretar lo que realmente se quiere

En vez de decir: «Me choca tu manera de ser», diga: «Me gustaría que

...me mires cuando me hablas»,

...me expreses tus sentimientos con besos, abrazos y caricias»,

...inicies a veces nuestras relaciones sexuales».

De esta manera no hay que armar una escena para llamar la atención de la pareja a través de las quejas interminables. Después de expresar el pensamiento o el sentimiento en forma de petición, se procede a concretarlos como comportamientos o conductas claras para ser realizadas posteriormente.

8. Al escuchar a su pareja reconozca lo que dice así no esté de acuerdo

Es común defenderse antes de escuchar lo que el otro quiere decir. Es necesario concentrarse en los sentimientos de su pareja y no adelantar explicaciones, hacer interpretaciones o juicios de valor, y mucho menos ridiculizar o subvalorar lo que el compañero o compañera está diciendo. Es mucho mejor preguntar para ampliar la información y luego discutir, que interpretar o asumir. A manera de ejemplo: usted piensa que su esposa ha estado muy silenciosa y aislada todo el día, y cree que eso se debe a que está disgustada con usted. Es mejor preguntar: «Te noto muy callada hoy, ¿estás molesta conmigo?», que preguntar: «¿Por qué estas tan brava?».

La primera pregunta permite modificar su percepción, saber si se equivocó sobre los sentimientos de su pareja. La segunda indica que usted ya diagnosticó a su pareja, y aunque tenga la razón, lo más probable es que ella se moleste con esta pregunta. Con frecuencia, todo lo que uno quiere saber es que lo han escuchado y validado.

Expresarse de manera más concreta es una forma de desarrollar el hábito de pensar con más precisión antes de hablar.

Estas sugerencias, por simples y breves que sean, no deben tomarse a la ligera. Se deben practicar para convertirlas en hábitos y reforzar una verdadera amistad con la pareja «El fuego de la verdadera amistad dura más que la chispa del amor romántico».

¿Quién soy yo sin mi pareja?

Una noche cualquiera, una mujer buscaba desesperadamente algo, dándole vueltas a un farol en la calle. Al verla tan inquieta, unos vecinos le preguntaron qué se le había perdido. Ella respondió que una aguja dentro de su casa, pero que había salido a buscarla allí porque había más luz... Esta historia clásica hindú ilustra que escapamos de nuestra soledad y buscamos fuera lo que debemos encontrar en nuestro interior. La soledad somos nosotros, cada uno es su propia soledad, y el amor sólo es posible cuando se ha aceptado esta condición.

La soledad no se cura dependiendo emocionalmente de alguien. Identificamos la soledad con el abandono, el fracaso, la desdicha y el miedo. La soledad es nuestra condición original; nacemos solos y morimos solos. El miedo a la soledad sólo es equiparable al espanto que sienten algunas personas por la muerte, y por eso buscan apegarse al dinero, a la fama, al poder o a una relación amorosa. Porque sin el otro no son nada.

La soledad es un proceso interior mediante el cual podemos estar en contacto con nosotros mismos y tener autoconocimiento y practicar la autocrítica respecto de nuestros pensamientos, reacciones y sentimientos. Sólo así podemos asumir nuestra identidad y autonomía para ser libres y manejar los miedos que están detrás de la soledad.

Miedo a que no nos quieran, a que nos abandonen, a que no nos aprueben o reconozcan; miedo a la locura, al miedo, a que no satisfagan nuestras necesidades de atención, seguridad o cariño; miedo a pelear, a conectarse con la rabia y a expresar el desacuerdo.

Sólo cuando entendamos esto, es decir, que «soy quien soy cuando solo estoy», es cuando aparece el verdadero amor: el encuentro de dos soledades, amar la vida, la naturaleza, y luego, aun cuando el otro falte, descubrir que somos amor, soledad-amante capaz de vibrar en armonía y felicidad con todo el universo, descubrir que no necesitamos más de lo que somos.

Las relaciones sentimentales funcionan solamente si la persona está bien consigo misma. Muchas personas casadas viven una soledad en compañía con tal de huir del miedo de encontrarse consigo mismos.

La experiencia de los psicólogos ha mostrado que muchas personas identifican la soledad solamente cuando ésta es producto de una pérdida afectiva. En algunas culturas se trabaja muy poco sobre sí mismo y se cree que la felicidad sólo se consigue con una relación amorosa, porque estar solo es un estigma y una señal de incapacidad.

Ahora bien, ¿quién es usted sin su pareja? ¿Alguien que necesita controlar, celar o poseer a su pareja para conseguir tranquilidad?, ¿sobreproteger para retener el amor?, ¿anestesiarse con droga, alcohol, sexo o trabajo para no ver su pobre mundo interior y el daño que hace a los demás?, ¿buscar compañía a toda costa porque no soporta la soledad?, ¿pasar horas navegando en Internet, entrar a cuanto *chat* encuentra y tener más amigos virtuales que reales?, ¿estar unido por el miedo a la soledad? ¿sus hijos son la única razón para mantenerse junto a su cónyuge?

Si contestó afirmativamente a alguna de las preguntas anteriores, no tiene idea de cómo se maneja la soledad, no se conoce y muy probablemente su relación de pareja es más de dependencia que de verdadero amor.

Lamentablemente, la realidad muestra que la educación de la niñez en los países latinoamericanos deja mucho que desear en cuanto a cuidado, cariño y enseñanza de los valores necesarios para el manejo de la soledad, que se aprenden a través del ejemplo de los padres y de quienes están alrededor del niño.

Pasos necesarios para encontrarse con uno mismo y disfrutar de la soledad

- ¿En su infancia le enseñaron a tener vínculos estrechos con sus padres o con quienes lo cuidaron?
- ¿Desde pequeño se sintió suficientemente amado e importante para los demás?
- ¿Pudo contar con alguien en los momentos de duelo y dificultad para tener confianza en sí mismo?
- ¿Lo estimularon para que afrontara sus problemas, manejara sus miedos y tomara sus propias decisiones para ser un individuo autónomo e independiente?

Si contestó negativamente, pase a la siguiente pregunta:

¿Qué hacer frente a la soledad?

- Si le molesta la soledad, busque el motivo dentro de usted mismo. Es el único lugar donde hallará respuesta.

- Párese frente al espejo. Mírese sin miedo. Exprese lo que es y lo que siente. Ése es usted y es por eso por lo que usted vale; no por lo que aparente o esconda. Luego podrá encontrar verdadera compañía.
- No busque en los demás lo que no encuentra en usted. Ni su pareja, ni sus hijos, ni sus amigos pueden proporcionarle lo que a usted le falta.
- Aprenda a disfrutar la soledad: con un buen libro, con la música o contemplando un paisaje. Aproveche para conocerse y descubrir lo que le gusta.
- Si siente que no puede llegar al fondo solo, busque ayuda. Una terapia adecuada puede ayudarle a descubrirse a sí mismo y a valorarse.

Y recuerde que la soledad y el amor son el asiento de la condición humana, dos de nuestras pocas posesiones verdaderas que, como la muerte, nos recuerdan lo que somos.

La importancia de fijar límites

Hay un refrán popular que dice: «Quien no pone buenas cercas, no tiene buenos vecinos». Esto quiere decir que quien se valora y sostiene adecuadas relaciones interpersonales, especialmente de pareja, sabe establecer un límite. Trazar un límite es determinar el territorio personal de cada uno, tener claras las ideas y las emociones, saber qué tanto se está dispuesto a dar de sí mismo, de su tiempo y de su dinero, qué es lo que se quiere o no se quiere; es identificar, expresar y defender nuestros derechos, respetando los ajenos.

Trazar un límite es ser uno mismo frente al otro, es trazar una línea entre «mis padres y yo, entre mis hermanos y yo, entre mi familia de origen y yo, entre mi suegra y yo, entre mi familia política y yo, para ser yo mismo y expresar lo que soy, lo que siento, lo que pienso, sin barreras ni defensas».

Elvira y Arturo conviven hace diez años. Tienen tres hijos y ambos trabajan. Él es alcohólico, pues algunas veces toma como «barril sin fondo» y se pone agresivo. Ella sufre de jaquecas y depresiones. El padre de él despreciaba y descalificaba a su esposa y tenía otras mujeres, pero con los hijos varones era muy permisivo. Elvira creció con mucho miedo a la autoridad porque sus padres eran muy estrictos.

Arturo dice que no necesita un psicólogo pues «el problema es de Elvira», quien acude a consulta por una infidelidad de él, situación que Arturo niega a pesar de las evidencias concretas. «No es la primera vez que él ha tenido relaciones paralelas», sostiene Elvira. Ella siempre lo ha perdonado, porque él le promete que nunca volverá a pasar. Además, su madre le enseñó que «todos los hombres son iguales» y que es normal que tengan una que otra aventurilla. También expresa: «Me trata mal delante de los niños. Me dice palabras vulgares y me descalifica en forma irónica e hiriente». Arturo, en este ejemplo, abusa de los límites y Elvira parece que no los tuviera, o que los suyos fueran invisibles.

No se nace con los límites: se construyen en la infancia, como se construyen la autoestima, el amor, los sentimientos afectivos y sexuales. Algunas personas no tienen idea de qué es un límite. Son «cheques en blanco», océanos sin fronteras que permiten el abuso, la violencia y la humillación. Otras en cambio han construido verdaderas murallas, cortezas imposibles de traspasar.

El modelo paterno de Arturo fue definitivo en la formación de sus límites. Mostraron a su hijo que no es importante valorar, respetar y cuidar a quien se ama. Elvira aprendió a no quererse ni a autoestimarse, y a obedecer por temor a quien la subyuga. Estos aprendizajes debilitan los límites y permiten que se violen. Si los niños sufren abuso emocional, físico o sexual, crecen sin fronteras sanas en su territorio, y como adultos serán vulnerables a la invasión de su propio yo. No saben en qué lugar el «yo» termina y empieza el «tú».

Quien es permisivo con su pareja y con sus hijos y no traza límites, contribuye a que éstos hagan lo que se les venga en gana; entonces no respetarán diferencias de criterios, gustos ni intereses. Por el contrario, si se les controla excesivamente y se traspasan sus límites y derechos, crecerán con la creencia de que no tienen por qué ser respetados.

Entre las relaciones de pareja más difíciles y tormentosas, producto de una formación inadecuada de los límites, se encuentra el «amor obsesivo», compendiado en la frase: «No puedo vivir contigo ni sin ti, contigo porque me matas, sin ti porque me muero». Es el caso de Elvira. La misoginia, en cambio, es el desprecio, descalificación y culpabilización casi permanente de la mujer por el hombre. Se puede ver en el caso de Arturo.

Cómo detectar la ausencia de límites (el sometimiento y la permisividad)

- Autoestima baja, subvaloración. Necesidad de la otra persona para sobrevivir.
- Adicción a la otra persona, lo cual no le permite desligarse; apego.
- Culpa intensa y autoacusación por el sometimiento en los límites y el bloqueo en la expresión de los sentimientos.
- Sentimientos muy perturbadores como el miedo, la depresión, la culpa y la angustia que se expresan a través del cuerpo, lo cual produce enfermedades psicosomáticas: úlceras, jaquecas, problemas digestivos y baja de defensas inmunológicas en el organismo (lupus, artritis, cáncer).
- Problemas de identidad que se manifiestan en expresiones verbales tales como «Sin ti no puedo vivir»; «Es mi media naranja»; «Sé que me maltrata pero no puedo vivir sin su presencia».

Cómo detectar el abuso de los límites (la intolerancia)

- Controlar y subyugar mediante el miedo, la humillación, la violencia o la vergüenza, valiéndose de ataques físicos y verbales, prepotencia, arbitrariedad y desprecio.
- No respetar las diferencias de criterios, pensamientos y sentimientos; no tolerar errores; dominar a los demás sin respetar la diferencia.

- Intensos sentimientos de celos, rabia, posesividad y desconfianza hacia la otra persona, que se mal interpretan como señales de amor.
- Descalificación y desprecio ante los comportamientos de la pareja.

Cómo fijar límites

- Dirigirse a la otra persona con un lenguaje verbal claro, coherente con el lenguaje corporal, sin rabia, con una actitud firme y decidida, sin sentirse culpable.
- Cuanto más se defiendan y respeten los propios derechos, más se validarán los ajenos.
- Saber lo que se siente no es suficiente; debe expresarse con firmeza. Esto se denomina «conducta asertiva» y consiste en decir lo que es, como es, cuando es.
- La rabia, la ansiedad, el reproche, la culpa y el miedo son indicadores de que no se saben fijar límites.
- Los límites tienen que ir de acuerdo con la conducta. Lo que se hace debe ser consecuente con lo que se dice. Por ejemplo, si le dice a su pareja que se separen y no lo hace, perderá respeto y credibilidad.

Hábitos de las personas que violan los límites

- Criticar
- Culpar
- Quejarse
- Cantaletear
- Amenazar

- Castigar
- Manipular

La autoestima o capacidad de quererse y valorarse es una acción que desarrollamos a lo largo de nuestra historia. Esta acción encierra un conjunto de ideas, perspectivas e imágenes valorativas que una persona tiene de sí misma. Quien se ama y se respeta sabe decir no al maltrato, porque al establecer los límites da la posibilidad de mantener una identidad y un sentimiento de respeto hacia sí mismo y hacia los demás.

El tiempo para cada uno, para los dos, para la familia

Uno de los aspectos más olvidados en la vida de las parejas y que más separaciones produce es la forma de manejar el tiempo, porque se puede utilizar para disfrutarlo, para pelear o para comunicarse y solucionar problemas.

Es más fácil dedicarles tiempo a los hijos, salir con ellos e inventarles juegos, que a la pareja, porque es difícil vivir el día a día, la cotidianidad, cortar con la rutina, compartir el silencio o saber cuándo hablar. Todo esto requiere del desarrollo de habilidades que se pueden aprender.

La gente cree que convivir es fácil y que todo viene por añadidura. Pero no es así; el amor, la expresión del afecto y del sexo y el manejo del dinero, son procesos que requieren dedicación, voluntad y coraje para fortalecer el vínculo y mostrarles a los hijos un buen modelo que en el futuro puedan desarrollar con sus respectivas parejas.

Para aprender a conocer al compañero, validarlo o aceptarlo como diferente y para comunicarse sin juicios de valor ni agresiones es indispensable que la pareja tenga su propio espacio, diferente del que comparte con sus hijos, la familia de origen, los amigos o los colegas del trabajo. Es un espacio que se debe programar y no dejarlo al azar, porque así nunca llegará y puede desgastar el vínculo por la rutina. El espacio de pareja es el oxígeno del vínculo que obliga a sus miembros a hacer un paréntesis en su vida para reencontrarse nuevamente a través de la mirada, el contacto con la piel, los besos, las caricias, en una palabra, la intimidad.

Hay dos tipos de espacios: el de gozo o placer y el de diálogo. El primero no debe cruzarse con el segundo. La pareja debe reunirse alrededor de alguna actividad para disfrutarla y desconectarse del hogar, ojalá una vez a la semana y otra el fin de semana; y también tener un espacio en el que pueda expresar sus sentimientos de desagrado de manera adecuada y en el momento oportuno.

Por ejemplo: ambos trabajan ocho horas diarias, pero también les dan prioridad a sus encuentros y a disfrutar de los hijos; se ayudan en las funciones del hogar, sin rivalidades ni luchas de poder, y así logran un punto de equilibrio que produce satisfacción y bienestar.

Y en cuanto a los hijos, ¿qué hacer con ellos?

Ante todo, dejar los celulares, beepers y computadores a un lado para poder contactarse con ellos y apreciar los aspectos esenciales de su recorrido vital. ¿Cuántas veces un padre o madre, por estar trabajando en exceso, se pierden las sonrisas de su bebé, o sus primeros pasos, o aquellas pequeñas o grandes dificultades que tanto significan para ellos? Cuán importante es sacar un tiempo diariamente, unas veces para jugar, otras para que puedan expresar sus desacuerdos y otras para que puedan gozar de la ternura y el afecto de sus seres queridos. Pero lo más importante es que de esta manera los padres pueden detectar a tiempo lo que no está funcionando en las relaciones con sus hijos o aquello que los perturba y no saben manejar, para que puedan hablar de ello antes de que se produzcan problemas inmodificables.

La buena comunicación genera empatía con los hijos y es el norte que muestra lo que está pasando con cada uno de ellos.

La falta de tiempo y de una comunicación profunda y verdadera es lo único que puede explicar el hecho de que lleguen a pasar años antes de que los padres se den por enterados de que sus hijos hace tiempo consumen alcohol o drogas o que asumen comportamientos destructivos.

Prácticas útiles para cultivar una buena comunicación con los hijos

- Comunicarse con amor, incluso en los momentos más difíciles. Mantener el contacto corporal con ellos aun en situaciones de tensión. Por ejemplo, apoyando una mano en su hombro, o mirándoles a los ojos sin rabia, para mostrarles la importancia de compartir, a pesar de que se esté en desacuerdo.
- Seleccionar una hora al día en la cual los padres compartan un juego con el hijo o la hija, sin dar órdenes y sin ser interrumpidos por un factor externo.

- Programar las actividades placenteras y de diálogo unas veces con todo el grupo familiar y otras teniendo en cuenta las edades y el sexo de los hijos. Recordar que los hijos tienen unas necesidades diferentes y deben ser tratados de distinta manera. Por ejemplo, una niña de cinco años necesitará más juego que una de quince, con la que se puede dialogar por más tiempo.
- Crear juegos amorosos y didácticos como títeres, plastilina y dibujos para los más pequeñitos; música, videos, juegos de roles y mímica para los medianos, y juegos de mesa, deportes y diálogo para los mayores.

Cómo programar espacios de pareja

- Planear programas con anticipación para estar juntos alrededor de alguna actividad como tomarse un café, hacer deporte, ir a cine. No sólo importa la calidad de la relación sino también la cantidad: no es lo mismo salir a divertirse con su pareja una vez cada seis meses que una vez a la semana.

  La rutina y el tedio son una enfermedad mortal para el vínculo, y su prevención consiste en dedicarle un tiempo semanal a la pareja. Observar cuánto tiempo pasan juntos durante la semana y cuál es el horario. Es importante darle prioridad a la pareja y definir de antemano el día y la hora.

- Recordar y poner en práctica:

  ¿Qué les gustaba hacer cuando eran novios?

  ¿Cómo se divertían?

  ¿Cómo manejaban el humor?

¿Cuáles eran los aspectos positivos que los unían, y en qué actividades en particular?

Así como las personas dedican tiempo para sacar un proyecto adelante, para culminar una profesión o realizar un trabajo, la relación de pareja y la interacción con los hijos necesitan ser cultivadas y enriquecidas por el interés, el amor y la dedicación de los miembros que conforman la familia, en especial invirtiendo tiempo suficiente para su crecimiento y desarrollo.

CAPÍTULO 2

Evolución de la relación de pareja

El amor se construye

Existe una enorme diferencia entre estar enamorado y compartir la vida con esa persona día a día. El amor pasará necesariamente por diferentes etapas y tendrá que enfrentar numerosas dificultades.

El amor de la pareja vive en permanente crisis porque las bases del individuo contemporáneo se han vuelto frágiles.

Se ha dejado de «construir el amor» con soportes sólidos, con valores. Se arman relaciones que tienden al vacío y a la superficialidad, a un ritmo vertiginoso en donde se pierde cada vez más el rumbo y la capacidad para lograr proyectos vitales.

Por eso muchas personas carecen del sentido de la vida y cuando «hacen» pareja les parece difícil entender el amor, darlo, recibirlo y aprenderlo. Porque el amor también se aprende y necesita esfuerzos, sacrificios y renuncias.

El vacío de valores como la verdad, la honestidad, la responsabilidad, el respeto y la solidaridad constituye la más grande de las carencias del ser humano. Y en consecuencia, estimula la posibilidad de caer en el tedio y en el hastío, el alcohol, la droga, la promiscuidad, las adicciones al poder, al dinero, al trabajo y en especial a la mentira.

Los valores se aprenden en el seno del hogar. De allí la importancia de fortalecerlos desde sus orígenes y de enseñarles a los hijos que éstos no son negociables.

Los valores se transmiten a través del pensamiento, de las palabras y del sentimiento. En realidad, las palabras están más sujetas a interpretaciones que a la descripción de los hechos. Por eso las palabras son muy limitadas. Así pues, en vez de utilizar la palabra «hablar» es mejor utilizar la palabra «comunicar». Y el mejor medio de comunicación es el sentimiento, que es el lenguaje del alma. Es el instrumento por excelencia para enseñar el amor y manifestarlo a la pareja, a los hijos, a los familiares, a los amigos, a la gente común y a nuestra patria.

Los valores y normas se enseñan a los individuos en el hogar y desde la infancia. Es allí donde está presente el patrón de comunicación, transmitido a través de sentimientos positivos o negativos como el amor o el odio, el aprecio o la hostilidad, el cariño o la violencia, el afecto o la crueldad.

En nuestra cultura se enseña mucho acerca del hacer y del tener, más no del ser. Cuando vienen las crisis, ya sean internas —como los duelos por muerte o por separación y las dificultades emocionales del ciclo vital— o externas —como problemas relacionados con el dinero, el trabajo, el éxito, la fama—, es indispensable saber procesar el dolor, la tristeza y la rabia. Aprender a contactar las emociones conectándose con la intimidad personal, sin perder la individualidad, es lo que ayuda a recuperarse en cualquier situación.

Para enfrentar las etapas difíciles de la vida es indispensable, en primer lugar, contar con uno mismo, haberse valorado y querido desde pequeño. Este valor, inculcado por los padres, vuelve al individuo responsable de sus propios actos y lo hace libre para elegir su pareja y comprometerse con ella en forma estable, para manejar las épocas de bonanza y las de gran dificultad.

La primera gran crisis que debe enfrentar la pareja tiene que ver con ella misma, porque las relaciones íntimas son un espejo y el vehículo para el conocimiento interior. Muchas de las dificultades de comunicación entre las parejas provienen de conflictos que tienen que ver con el pasado de cada uno de los miembros y con la interpretación sobre el compañero, que se refleja, a su vez, en la comunicación actual. De allí la dificultad de percibir al compañero como es y no como se quiere que sea y, en consecuencia, de comprenderlo.

Es común que el compañero refleje lo peor de uno mismo, y eso es precisamente lo que se debe enfrentar y trabajar. Ésa es la primera gran crisis de la pareja.

Más adelante, toda relación vivirá períodos muy difíciles que son normales dentro del proceso de maduración del ciclo vital, como lo que atañe a la economía del hogar, la estabilidad de la ocupación de cada uno de sus miembros, al crecimiento y la partida de los hijos, y el entendimiento a través de la comunicación afectiva y sexual. Son crisis típicas en la cuales se necesita un frente unido, un equipo con espíritu de lucha que plantee soluciones a los problemas y que convierta los problemas en oportunidades.

Pero todo esto se logra mediante el amor desinteresado hacia la pareja, los hijos, los amigos y la gente que entra en contacto con cada uno de nosotros.

Aspectos que deben ser tenidos en cuenta para formar valores en la familia y afrontar las dificultades

- Iniciar una labor preventiva promoviendo cambios en el interior del hogar. Aprender a comunicarse con amor. Éste es el principio de los valores, el soporte en las crisis. Enseñar a la familia que los valores no se negocian. El amor es curativo, trasciende y sana.
- Valores como la lealtad, la verdad, la honestidad, el respeto, la solidaridad y la responsabilidad se transmiten a través del pensamiento, las palabras y los sentimientos. Pero el mejor medio de comunicarlos es a través del sentimiento del amor. La familia se construye con amor.
- Mostrar a las parejas y a los hijos la fortaleza de transmitir sentimientos positivos. Enseñar a amar con ganas, a abrazar, a acariciar y a expresar ternura. Los valores y las normas deben ser claros y aplicarse con certeza y con cariño para que cada individuo aprenda a ser, más que a tener. Así podrá empezar a manejar sus propias crisis.
- Resolver los problemas de la historia personal, los duelos y pérdidas pasadas. Aprender a valorarse, a elegir y a comprometerse afectivamente en una relación de pareja.

- Para enfrentar las crisis de carácter emocional y social es necesario que la pareja conforme un equipo basado en el cariño verdadero, el amor con compromiso que exalta la intimidad y se reconoce en la libertad del otro.

Enamoramiento, amor y obsesión

Resulta sugestivo el dicho popular que hace referencia a la pareja que se enamora: «Tú eres mi media naranja», o «Tuve la impresión de haberte conocido toda la vida; tal vez estuvimos juntos en vidas pasadas».

Estos mensajes significan un modelo de conducta predecible que se inicia durante la adolescencia, cuando las hormonas sexuales invaden el cerebro. Quien se enamora se conecta nuevamente con la persona que se parece a quienes lo educaron, pero esta vez piensa que sus anhelos más profundos e infantiles serán satisfechos en forma incondicional, como no los lograron satisfacer sus padres, y que la sensación de desamparo afectivo desaparecerá para siempre.

En el enamoramiento vemos en el otro sólo lo que nos gusta y ocultamos lo que nos disgusta. Somos dos fusionados en uno; uno contenido en el otro.

Este fenómeno mágico, esa sensación de intuir plenamente lo que el otro sabe y siente, se realiza porque desaparece el sentimiento de carencia y de soledad que acompaña permanentemente al ser humano. De esta forma, cada miembro de la pareja satisface las limitaciones que el otro tuvo en el pasado y se convierten en aliados incondicionales.

Las letras de la mayoría de las canciones de amor, de los boleros, de las poesías, el contenido de las telenovelas y radio-novelas nos incitan a creer en el amor romántico, en la atracción y la pasión permanentes. Frases como: «Sin ti mi vida es un infierno», «Prefiero morir a estar solo», «Yo soy la nada que lo da todo y tú eres mi todo sin que me des nada», recuerdan la sensación infantil de pérdida, de desamparo afectivo, cuando la madre desaparece por momentos de la vista del infante.

El enamoramiento es un estado; el amor es un proceso, un arduo proceso de realización personal y vincular en el que se aprende a querer a lo largo de toda la vida. Amar es aceptar al otro como es y no como uno quiere que sea. Amar es aceptar la diferencia. Cuando el enamoramiento se acaba da paso a la construcción del amor o al establecimiento de vínculos patológicos, de los cuales el más común es el amor obsesivo.

Una vez se vuelve estable la relación de pareja, se registra un cambio psicológico profundo en el que los individuos descubren que hay menos caricias y estímulos verbales, disminuye la frecuencia sexual, las parejas empiezan a gastar más tiempo en leer, ver televisión y en reuniones con amigos; el clima emocional tan apasionado pasa a ser más frío. Entonces surgen los sentimientos negativos que se habían ocultado.

La construcción del amor implica conocerse a sí mismo y tener solucionados los problemas de la niñez. Y también, saber con quién se va a convivir, cómo es el compañero, cómo es su familia. Amor es la capacidad de ser uno mismo y no la extensión del otro. Es un mutuo y enriquecedor intercambio entre la forma de darse afecto, erotismo y sexo;

de desarrollar la habilidad de compartir y disentir y de disminuir la lucha de poder que tiene que ver con el manejo de los hijos, el dinero, el trabajo y el descanso, conservando la independencia de cada uno.

El amor que no acepta la diferencia es posesivo, celoso y dependiente. Se posee porque se convierte al otro en alguien indispensable para vivir, culpándolo por no llenar todas las necesidades y expectativas afectivas no satisfechas. En la obsesión, la autoestima de un miembro de la pareja depende del otro; aquél incluso puede llegar a perder su propia identidad e independencia y a utilizar estrategias de desconfianza y control para manipular las relaciones afectivas.

Este amor posesivo e individualista, que diariamente hace llorar a los espectadores de las telenovelas, ha sido transmitido de generación en generación por nuestras familias. El niño vive esta clase de sentimientos, y cuando llega la edad de escoger una pareja, repite las mismas reglas de juego, que a su vez sirven como modelo a sus propios hijos. Se establece así una cadena en la que se considera que el amor adictivo es la manera de amar más natural y espontánea que existe.

Cómo saber si hay una relación obsesiva

A continuación se plantean algunas preguntas que le ayudarán a clarificarlo:

- ¿Piensa continuamente en su pareja y en sus problemas: está pendiente de las llamadas, del cumplimiento de las citas y de su estado anímico?
- ¿Necesita usted a su pareja para sentirse una persona completa y feliz?

- ¿Se siente deprimido o vacío cuando está solo?
- ¿Siente la necesidad de controlar a su pareja y de saber lo que hace, dice e incluso piensa?
- ¿Siente que su vida pierde sentido cuando su compañero o compañera no está con usted o no reacciona como usted desearía? ¿Intenta manipular mediante la culpa, la presión o la vergüenza?
- ¿Cela a su pareja en forma exagerada con sus amigos, familiares e incluso con sus propios hijos?
- ¿Ha perdido su norte, sus objetivos, las ganas de hacer las cosas, el interés por sus aficiones y hasta el significado de su vida, porque su objetivo central es única y exclusivamente esa persona que usted cree amar?
- ¿Intenta anestesiar sus emociones con adicciones tales como dormir demasiado, beber alcohol, consumir droga, comer en exceso, no comer, comprar, trabajar, fumar o ver televisión?
- ¿Cree que solamente podría sanar esa obsesión por su pareja si viniera otra persona a reemplazarlo y arreglara todos sus problemas?
- ¿Ha tenido pensamientos suicidas al sentir que pierde a su compañero?
- ¿Siente que vale poco como persona?
- ¿No está a gusto con usted mismo?
- ¿Su autoestima depende principalmente de las opiniones de los demás?
- ¿Le cuesta tomar decisiones por su cuenta?

Estas preguntas puede hacérselas desde un adolescente hasta una persona de edad madura. Las respuestas afirmativas reflejan la presencia de un conflicto interno de codependencia y la presencia de relaciones simbióticas o adictivas que requieren la ayuda de un profesional especializado en la materia.

No es exageración comparar la dependencia hacia la pareja con lo que sucede cuando un adicto a la heroína interrumpe su consumo de manera súbita. El miedo, el dolor y la inquietud son enormes, lo cual hace que se utilice de nuevo y con desesperación a su pareja como una droga, aunque el resultado, conocido ya de antemano, sea esa ansiedad agónica. La profundidad del amor en esta clase de vínculo se mide por la intensidad de la obsesión por el ser amado, pero no por la confianza y el respeto mutuos, por la comprensión, el compañerismo y la intimidad.

En la mayoría de los casos la recuperación necesita terapia individual y terapia grupal de apoyo para rescatar la capacidad de decidir y elegir, los valores personales, la voluntad para fijar las fronteras y los límites y el profundo deseo de amarse a sí mismo.

Cuando llegan los hijos

Uno de los cambios más drásticos en el ciclo vital de la pareja y que más crisis y separaciones produce (es el primer factor de separación en parejas entre los veitinueve y treita y cinco años en los países de Norte y Sudamérica) por su mal manejo, es el embarazo y el nacimiento del primer hijo.

La llegada de los hijos, especialmente del primero, rompe el equilibrio que la pareja había empezado a construir. Por lo general no existe preparación para este evento trascendental. Por ello es recomendable que los padres esperen un tiempo prudencial antes de tener su primer bebé, tiempo que pueden utilizar para fortalecer su vínculo. Lo paradójico es que muchas veces y sin plena conciencia, la mujer queda embarazada y el bebé nace justo a los nueve meses de convivencia o aparece un embarazo previo al matrimonio que conduce a que ambos se culpen por el descuido.

La pareja debe estar consciente de los nuevos pasos que va a dar y de lo que éstos significan cuando pasa de ser una pareja enamorada con mucho tiempo y espacio para el consentimiento, la diversión, el ocio y la tranquilidad, a tener cambios de tipo fisiológico, psicológico y económico profundos con la nueva dimensión que aporta el embarazo, el parto y el nacimiento de los hijos, hechos que limtan los espacios de pareja y rompen el equilibrio vincular.

En una pareja adecuada, en la que los individuos se preparan primero para ser autónomos e independientes de sus familias de origen, luego tienen tiempo para construir el vínculo y finalmente están listos para asumir el rol de padres, el embarazo es planeado para una época oportuna en la cual van cambiando progresivamente la perspectiva en la que su atención estaba puesta en ellos mismos para desviarla hacia ese nuevo miembro que iniciará la era familiar.

La madre y el padre serán conscientes del profundo cambio hormonal de ella, que la mayoría de las veces tiene efectos no esperados en su salud, en la dinámica afectiva y sexual de la pareja y en los patrones de comunicación que antes tenían. Pero lo más importante es el cambio de expectativas y necesidades emocionales de los dos miembros que conforman la pareja, que de no ser analizados y confrontados en forma serena y madura producirán sentimientos negativos como temores, dudas, angustias y agresividad muy difíciles de resolver.

Por una parte, la sexualidad de la pareja puede variar, volviéndose más frecuente e intensa o lo contrario, lo cual va a influir en una comunicación más cercana o distante. El hombre puede sentir una gran responsabilidad porque se ve en la obligación de proteger a la esposa en su nuevo estado y al bebé que está por nacer, lo que lo lleva a movilizarse para conseguir otras fuentes de trabajo que den más dividendos para estabilizar y ampliar las fuentes de satisfacción del hogar. La mujer se sentirá más vulnerable y es probable que sus demandas afectivas, sexuales y comunicacionales aumenten, tornándose más sensible al abandono, al rechazo y a la falta de atención.

Por otra parte, el bebé tan esperado tiene muchos significados: es el sueño idealizado de la mayoría de parejas que desean tener una familia, es la perpetuación del padre y de la madre y del vínculo mismo, y es el depositario del amor o del odio entre los padres para llegar a ser un apéndice de ellos, o por el contrario, un ser independiente.

Posiblemente ambos cónyuges inicien procesos de cambio inconscientes, a veces imperceptibles, otros manifiestos, como el de remediar en su bebé las fallas que tuvieron sus propios padres con ellos, o aparecerá el temor de ser desplazados por el hijo, lo que podría romper la armonía de la pareja; también puede aparecer la vivencia de estar ante un ser mágico que viene a subsanar la problemática marital.

Como si fuera poco, al nacer el bebé, nuevamente hay cambios profundos en la vida de la pareja. La madre podrá tener una leve o profunda depresión postparto que nadie comprende, porque se supone, bajo el punto de vista cultural y religioso, que es un gran acontecimiento, que debe producir gran alegría pero que puede ir acompañado de una cesárea, que es una operación de alta cirugía, lo cual aumentaría el malestar. La gente tampoco entiende que es un momento privado y exclusivo de la pareja en el que la suegra, la madre, la familia de origen, la familia política y los amigos pretenden «meterse» y apoderarse del dominio de esa situación —y generalmente lo logran—, por el sentimiento de impotencia de los padres «primíparos». Situación que sería más dramática aún con el nacimiento de un niño o niña con limitaciones físicas o mentales.

Por lo general el padre, por más preparación que tenga, se sentirá invadido por sentimientos de temor respecto a lo que pasará con la salud de su esposa y de su bebé. En cuanto a la pareja, tendrá que aplazar sus deseos y necesidades físicas y emocionales porque el tiempo que antes era suficiente para ellos ahora debe dedicarse permanentemente a un ser desvalido al que hay que proteger y nutrir. Esto hace que un miembro de la pareja espere del otro que atienda sus requerimientos, lo cual conduce a una sensación de no recibir suficientes suministros afectivos de su pareja porque no se da un balance entre lo que el bebé demanda y lo que el padre o madre necesitan.

Los padres se convierten en proveedores constantes y sus aspectos débiles y necesitados quedan huérfanos de satisfacción. Cuando la pareja entienda que esperan del hijo más de lo que a éste le corresponde darles, podrán apreciar lo que el bebé en realidad les puede ofrecer.

Una pareja con dificultades y duelos no resueltos en su historia personal y con carencias entre ellos, tratará de taparlas con un «bebé cataplasma», invirtiendo el orden de prioridades afectivas: el hijo se convertirá en el protector y estabilizador del vínculo que une a sus padres y no a la inversa, situación que afectará profundamente la autoestima del bebé.

Después del nacimiento, el bebé es fuente de grandes satisfacciones pero también de preocupaciones. Reconocer que la construcción del vínculo pasa a un segundo lugar frente a la imperiosa necesidad de velar por el niño o niña y aceptar el hecho de que estar unidos en una meta común puede fortalecer la relación entre los padres, es el inicio de la aceptación de un nuevo proyecto vital: la familia.

Presenciar su proceso de crecimiento, la primera sonrisa, los primeros pasos, el enriquecimiento de su perspectiva infantil, la expresión de sentimientos amorosos, el disfrute del juego, constituyen una importante fuente de autoestima y gratificaciones afectivas para los padres.

Es una etapa en que se ve compensado el gran esfuerzo inicial de adaptación, las trasnochadas y el cansancio por las enfermedades de los primeros meses, por los avances en el desarrollo y las manifestaciones amorosas del bebé hacia ellos y hacia el mundo que lo rodea. De esta forma, el desequilibrio inicial es superado por una mayor armonía entre necesidades y exigencias y los padres pueden volver a dedicar parte de su energía a la relación de pareja, recuperando espacios de goce, de diálogo, de erotismo y sexualidad.

Es un momento para reencontrarse, para volver a mirarse a los ojos y retomar los ejes de la relación de pareja que por motivos obvios pasaron a un segundo lugar.

El «nido vacío»

Cuando los hijos se van, se establece una nueva dinámica en la vida de la pareja y se inicia un proceso de reacomodación entre sus miembros. Hay parejas que entienden que sus hijos deben irse e incluso les ayudan a hacerlo, pues han aprendido el significado de la palabra amor que es «saber dejar partir». Otras, en cambio, creen que es una ofensa y hacen hasta lo imposible por evitarlo, castigándolos con el silencio o manipulándolos a través de la culpa. Pero lo que realmente hay de fondo es que cuando los hijos se van la pareja tiene que confrontarse cara a cara para determinar los campos compartidos que aún quedan entre los dos, elaborar el duelo por la partida y enfrentar con madurez el proceso de envejecimiento.

Lo cierto es que algunas parejas se mantienen unidas única y exclusivamente para darles «estabilidad» a los hijos, en cuyo caso las energías, los intereses y los objetivos que la pareja ha compartido giran alrededor de ellos. Otro gran motivo de unión es la «concepción de hogar», tan arraigada en nuestra cultura, transmitida de generación en generación, en la que los padres les insisten a sus hijas que aunque exista maltrato, infidelidad o agresión en el vínculo, lo esencial es mantenerlo a toda costa, aunque el precio sea la pérdida de la autoestima personal.

En este caso lo que uniría a la pareja después de la partida de sus hijos sería la culpa y el miedo por desobedecer los designios culturales y religiosos impuestos desde muy tierna edad como condición *sine qua non,* en cabeza de la figura femenina como eje aglutinador de la familia. Ésta es una carga muy dañina y desgastante para la identidad y la autoestima de la mujer.

Existen otros motivos de unión en la pareja que no tienen nada que ver con lo que constituye la esencia íntima del vínculo, como el temor a perder el compañero o compañera, el miedo a la soledad, la desvalorización y el desprecio hacia uno mismo, el deseo de controlar y poseer y la profunda inseguridad de confrontarse íntimamente desplazando en la pareja la problemática personal que no se quiere ver. Cuando los hijos se van, las parejas que han aceptado la perspectiva de que el vínculo tiene diferentes estaciones —unas más placenteras y cálidas, otras más desagradables y frías—, que las crisis son parte esencial de la vida sentimental y que lo valioso y enriquecedor es enfrentarlas, volverán a replantear su relación con tolerancia y madurez para darle un nuevo valor a la historia común de muchos años. Aprenderán a conocerse de nuevo, a reinventarse otra vez, a comprenderse, íntimamente, quizás con más tolerancia, acorde con sus años de experiencia, pero en una forma más profunda e incluso trascendente, pues ya han aprendido a aceptar la responsabilidad que cada uno tiene en las dificultades del diario vivir. Volverán a recordar aquellos lejanos pero emocionantes momentos cargados de afecto y de placer que antaño los hacían felices, antes de pensar siquiera en encargar una familia. Si se dan tiempo, reiniciarán espacios más largos de pareja para volver a experimentar amor, ternura y comprensión, el mejor medio para sentirse una pareja joven y saludable en la edad madura.

Respecto a la intensidad sexual, aunque disminuye y se torna más lenta, puede llegar a ser fuente de placer sensual y de profundas emociones que reafirman la confianza mutua y renuevan el compromiso que los une. El contacto físico, para la pareja madura y sin hijos, es una continuidad de su expresión amorosa, parte del diálogo íntimo que no encuentra su principio y su fin en la unión genital.

Un vínculo afectivo y sensual ofrece a las parejas de edad madura, una auténtica unión con un fuerte compromiso, razones suficientes para alegrarse de cada día que les quede para vivir juntos.

Las personas que ya no son admiradas ni amadas son aquellas que viven como parejas indiferentes y apáticas; de esta manera se conforman y avejentan. La convivencia por muchos años es vida, y por tanto está unida en forma necesaria e inevitable a conflictos, tensiones y crisis. Algunas parejas las superan y se enriquecen, otras las enfrentan y se separan, y hay algunas que siguen unidas en apariencia durante años, pero con un profundo sentimiento de frustración.

El «nido vacío» es una de las etapas en que más se consulta al profesional, muchas veces por motivos disfrazados, tales como irritabilidad, intolerancia mutua, pérdida del respeto, dificultad para estar solos, ausencia de intereses comunes y enfermedades psicosomáticas.

Es pues el momento de hacer un pare en la vida de la pareja para esclarecer las motivaciones profundas que la han llevado a los conflictos, para lograr un cambio de los significados asignados al comportamiento del compañero o de la compañera. Al tener la oportunidad de descubrir los fundamentos reales que sustentan la interacción, se abre el campo para la búsqueda de formas alternativas menos limitantes y que favorezcan la satisfacción de las necesidades íntimas. En otras ocasiones los miembros de la pareja se confrontan y se dan cuenta de que no se aman y deciden que no quieren seguir el camino juntos...

Cuando los hijos se van, el reencuentro significa:

- Acompañar a esa persona con la que se ha convivido tantos años, especialmente en los momentos más difíciles.
- Descubrir proyectos en común, en cualquier aspecto de la vida.
- Recordar las épocas de crisis en que la pareja permaneció unida para enfrentar los conflictos, y volver a hacerlo una vez más. En esta etapa es indispensable el diálogo.
- Reforzar mutuamente las actitudes y comportamientos positivos y disminuir los negativos.
- Compartir intereses y dedicar el tiempo necesario para realizarlos.

Saber envejecer es un arte, el arte de vivir plenamente la vida, y saber vivir la vida es enfrentarla contactándose con sus más profundas emociones para asumirla con todas sus consecuencias.

Los cambios que experimenta la pareja con los años

Las relaciones de pareja se mantienen en un constante «equilibrio inestable» para adaptarse a las diferentes etapas de la vida. Pero su fortaleza, lo que mantiene viva la relación, son precisamente las crisis y la lucha para superarlas.

En sus primeras etapas la pareja trabaja para la construcción del vínculo, la economía del hogar, la estabilidad en la ocupación laboral y la crianza de los hijos. Estos objetivos tan importantes dejan los problemas más profundos de la relación en un segundo plano.

En las etapas posteriores, cuando ya los hijos no necesitan la permanente presencia de ambos padres para su desarrollo, cuando se ha asegurado la economía del hogar y la pareja por fin logra ese anhelado descanso, cuando es posible aspirar a más tiempo libre, aparece un profundo vacío; el vínculo ya no se mantiene unido por la meta común inicial. La identidad de la pareja, que se mimetizó con la de la familia, pierde todo su sentido y los individuos se preguntan quiénes son ante su pareja y sin sus hijos.

Es una segunda crisis de identidad que se expresa en forma diferente en el hombre y en la mujer. Las mujeres que no han trabajado fuera de casa tienden a deprimirse porque los hijos no requieren su constante presencia y el compañero está ocupado en su trabajo. Pueden experimentar disminución en los deseos sexuales y pereza ante las insinuaciones recibidas. Esta época puede coincidir con la menopausia, a la cual se le atribuyen equivocadamente estos cambios, razón por la cual el compañero puede emprender otras búsquedas. Pero también son muchas las mujeres que pueden disfrutar la liberación de su papel biológico, lo cual enriquece la calidad de la relación e incrementa la intimidad, el placer y la satisfacción sexual.

Los hombres que no han podido realizar sus expectativas tienden a culpar de su fracaso al matrimonio. Otros, aunque han tenido éxito y riqueza, al hacer un balance, quisieran ser más auténticos y sentirse libres del lazo sentimental y rutinario que los agobia hace años. Pero, en general, pueden sentirse más viejos, menos atractivos y con una sexualidad más lenta, que los asusta, y tratan de ensayar si aún son jóvenes con mujeres mucho menores que pueden tener la edad de sus propias hijas. Esta mezcla de factores, después de un tiempo, puede llegar a romper el vínculo.

El encuentro con la intimidad

Con los años, las parejas pueden perder la atracción física que existió al comenzar el vínculo amoroso. Pero las manifestaciones afectivas y sexuales no son patrimonio exclusivo de la juventud. La vida no acaba a los cincuenta años ni en la vejez. No importa que se arrugue la piel; lo grave es que envejezcan los sueños y las ilusiones. La juventud en sí misma no es un mérito, ni la vejez un fracaso.

A los cincuenta años nadie es demasiado viejo para estudiar, ni lo es a los sesenta para cambiar el rumbo de su vida. La experiencia no se improvisa y en esta época del «balance vital» lo que sería imperdonable es no saber lo que se quiere y se puede hacer.

Un antiguo y sabio proverbio dice: «Las uvas maduran con el tiempo». Si a los cuarenta años se cree haber alcanzado el punto máximo de desarrollo, ¿qué sucederá a los sesenta y cinco años? La voluntad de vivir y el deseo de amar es una energía que habita en nosotros y a la que hay que darle oportunidad de que se active para que se vuelva una actitud que se trabaja y se desarrolla durante toda la vida.

Para sentirse joven y saludable en la edad madura recuerde que:

- La actividad sexual disminuye con la edad, pero la pareja puede expresar sentimientos mediante la comunicación íntima: charlar, reír juntos, compartir anécdotas, expresar ternura. Estos no son medios para llegar a un fin, como el orgasmo; son un fin en sí mismos.
- La sexualidad es una actitud, un profundo sentimiento de «meterse» en el otro. La mera genitalidad es un acto mecánico, una señal sin contenido emocional profundo.
- Un vínculo afectivo y sexual, no siempre genital, ofrece a las parejas de edad madura una auténtica unión con un fuerte compromiso, razones suficientes para envejecer juntos con alegría.
- Darse permiso para vivir experiencias placenteras, para las que antes no había tiempo, como cocinar juntos con frecuencia, hacer paseos ecológicos, pasar largos ratos eróticos.

La relación de pareja ha madurado con los años cuando:

- Quiere envejecer con su cónyuge.
- Le agradan la mayoría de sus comportamientos.

- Tienen una verdadera comunicación íntima.
- Se tienen confianza y pueden «recostarse en el hombro» de su pareja.
- Pueden realizar pequeñas «excentricidades» que antes no se permitían, como pasar más tiempo dándose cariño y haciéndose caricias, levantarse mucho más tarde porque han disminuido las responsabilidades laborales y familiares, y hacer más programas juntos como caminar, ir a exposiciones culturales, conferencias y practicar juegos propios de su edad.

Finalmente, la pareja en edad madura no sólo es consciente de elaborar sus pérdidas, sino que asume como reto que el amor, el erotismo y la comunicación se construyen y renuevan durante toda la vida y son la clave para romper con la rutina de un vínculo que culmina en la vejez.

CAPÍTULO 3

Masculinidad y feminidad

Ser hombre, ser mujer: vivir la diferencia

Un pez dorado estaba asombrado por el vuelo de las aves. Una golondrina lo estaba por el nado de los peces. Un día de sol, la golondrina le habló al pez: «Si tú me enseñas a nadar, yo te enseñaré a volar». A partir de ese momento se hicieron amigos. El aprendizaje fue lento y riesgoso. Alguien a la orilla del estanque tuvo una visión fantástica: vio volar a un pez dorado y nadar a una golondrina. De allí en adelante, el uno estaba en la otra, sin dejar de ser lo que eran: un pez dorado estaba aprendiendo a volar y una golondrina a nadar...

Este cuento de J. Grinberg nos hace reflexionar acerca de la diferencia entre ser hombre (pez) y ser mujer (golondrina) sin perder la relación.

Lamentablemente, uno de los factores que aún conforman y determinan la relación de pareja es la desigualdad que se observa entre el hombre y la mujer por el predominio de aquél en casi todos los campos.

Como el hombre ha sido educado para ser él mismo, su principal búsqueda es la defensa de sus intereses laborales, sociales y productivos. Generación tras generación, el hombre se ha acostumbrado a no compartir su vida sentimental. Vive la intimidad como un reto sexual para conquistar una hembra o como una invitación a la dependencia emocional, situación que genera miedo a perder su identidad masculina por incurrir en caminos que no le son propios.

Sin embargo, la educación del hombre para afirmar su virilidad con base en la represión de sus emociones más profundas ha significado para él dependencia emocional, pero está en proceso de cambio. El hombre ha tenido que aprender en forma gradual y con esfuerzo el vocabulario apropiado para mostrar su interioridad.

La mujer hoy en día colabora más activamente al lado del hombre, y también exige sus derechos, es más productiva y no son pocos los casos en que ella sostiene el hogar como madre cabeza de familia o porque su compañero se encuentra desempleado.

Ahora la mujer le exige al hombre que asuma un papel más activo e igualitario en la crianza de los hijos. Muchos de los hombres que en la actualidad son padres, lo son sin tener a su lado una compañera, mientras que otros comparten la custodia del hijo en el proceso de separación o de divorcio.

El hombre ha hecho cambios de considerable importancia. Empieza a comprender que el papel de esposa-madre se ha tomado como algo natural y que la ayuda en este duro trabajo es vital para la armonía del vínculo y el desarrollo de la familia. Algunos hombres entienden que es importante expresar sentimientos como la ternura sin que ésta constituya un acto de debilidad; por el contrario, saben que la expresión del afecto y el compromiso en los quehaceres cotidianos junto a la esposa y con los hijos (el baño, la comida, el cambio de pañales) es la herramienta más sólida para su crecimiento personal y social.

Pero esto no implica que hombres y mujeres estén en el camino de convertirse por fuerza en seres iguales. Los roles y las normas sexualmente estereotipados no son innatos desde el punto de vista psicológico, sino imposiciones generadas por las expectativas a las que la sociedad somete a los miembros de uno y otro género.

Nuevas concepciones de masculinidad y feminidad

- En la actualidad los jóvenes le dan mayor importancia al vínculo que a la estabilidad del contrato, lo cual va a generar familias no más estables, pero sí más auténticas.
- El hombre se quiere comprometer más con las emociones y las reprime menos.
- La mujer desea no sólo ser madre sino capacitarse profesionalmente. Cada vez es más independiente laboral, económica y afectivamente.
- La mayor aceptación, tanto de hombres como de mujeres, de comportamientos sexuales diversos —homosexualidad, bisexualidad, relaciones prematrimoniales y extramatrimoniales— favorecen la decisión de no tener hijos. Esta determinación se vive con menos culpa que en otros tiempos y está vinculada a una mayor gama de alternativas en la elección de la conducta sexual.

En resumen, la mujer es hoy más autónoma y tiene más poder dentro de la familia porque tiene control sobre la reproducción, acceso a la educación y una mayor integración a la fuerza laboral.

El hombre moderno empieza a soltar el control en las relaciones y a compartir el poder.

Solamente los cambios que se puedan lograr a nivel educativo y formativo, mediante la influencia de las familias, los colegios y las universidades, podrán marcar una gran diferencia en lo que respecta a la igualdad de los sexos.

En una relación desigual no hay amor, porque el amor se basa en el respeto mutuo y en un equilibrio relativamente parejo del poder. La democracia empieza por casa.

El lenguaje de lo femenino y lo masculino

Los científicos han descubierto diferencias importantes entre el cerebro masculino y el femenino. Ahora se sabe que el lado izquierdo del cerebro, que controla la capacidad verbal y cognoscitiva, se desarrolla más en las niñas, lo que se traduce en mayor facilidad para leer y escribir. En cambio, el lado derecho del cerebro, que controla las funciones visuales y de espacio, se desarrolla más en los varones, hecho que los puede hacer más competentes en las matemáticas y los deportes.

Además, el cerebro masculino procesa los datos en forma diferente que el cerebro femenino; por eso piensan y sienten desde ángulos distintos.

A los cuatro años, por ejemplo, las niñas están pendientes de obtener aprobación social. Los niños, mientras tanto, son capaces de jugar solos y poco les importan los demás. También se ha comprobado que las niñas son las que construyen frases completas del tipo: «Te quiero mucho, mamita linda»; mientras que los niños se limitan a nominar: «Te quiero». Ellos quieren hechos, ellas palabras.

Ellas oyen, ellos tocan. Ellos tienen grandes dificultades a la hora de decir lo que sienten y ellas lo que piensan. De ahí las famosas quejas de los hombres: «No hace sino cantaletear», y las de las mujeres: «No me escucha».

«Palabras contra hechos concretos», parece ser el dilema, expresado también a la hora de hacer el amor. A ellas les encanta que las seduzcan con palabras, sentirse deseadas y amadas; a ellos les gusta el pragmatismo, la acción, «ir al grano».

Para ellas una cosa está clara: el mal amante es el compañero silencioso que aunque actúe, no la motiva con palabras, actitudes amorosas y ternura. Cuando no se siente comprendida en sus emociones, evita la intimidad, pues la mujer se abre a la sexualidad a través de las caricias, los besos y las palabras, mientras que al hombre le es más fácil llegar al afecto a través de la sexualidad.

Aunque la naturaleza humana tenga formas de expresión masculina y femenina, el aprendizaje también juega un papel muy importante para determinar algunas características culturales de género. Por ejemplo, el hombre sabe poner límites porque desde su infancia le enseñaron a expresar sus derechos y le reforzaron sus logros y sus éxitos; por eso en el mundo sentimental es él quien propone, gusta de la libertad y busca los espacios personales.

La mujer, en cambio, aprendió desde muy pequeña a ser dependiente, especialmente de su compañero, y la cultura le estimuló su capacidad para expresar sentimientos. Le cuesta más trabajo fijar sus límites y a veces carece de ellos y prefiere los espacios de pareja a los personales. Le gusta hablar de sí misma y de su relación de pareja.

De allí que el gran drama del hombre ha sido el desempleo y la jubilación, porque su autoestima se ha basado en alcanzar metas y resultados concretos, productividad y poder. El drama de ella ha sido la separación y los problemas sentimentales, porque su autoestima y su valor los ha fijado en su pareja y en la concepción de un hogar.

Para el hombre en general, necesitar ayuda es un signo de debilidad. La autonomía es su virtud más preciada y por eso necesita ser aceptado, valorado y admirado. No le gusta que le digan qué tiene que hacer porque se siente controlado. Para la mujer pedir ayuda la hace sentir amada y estimulada, y si a esto su compañero responde validándola con empatía, gestos y actitudes no verbales (corporales) de amor, no se volverá «mandona» o «sometida».

Sugerencias

Para los hombres:

- Escuchar, consentir y abrazar en silencio a su compañera, validando y aceptando sus sentimientos. Validar no es estar de acuerdo, sino aceptar la diferencia sin ignorarla ni criticarla. Recuerde que las mujeres hablan de sus problemas para acercarse, no para obtener soluciones, ni para culparlo.
- Trabajar desde la perspectiva de compartir el poder y el control.

Para las mujeres:

- Apoyar sin criticar. Evitar el papel de madre que pretende cambiarlo. Recordar que él se siente culpable cuando la mujer le habla de sus problemas.

- Poner límites porque así él se siente estimulado a dar más y a cambiar sus conductas disfuncionales. Para ello exprese sus sentimientos en forma asertiva, es decir, sin cantaletas.
- Trabajar para mejorar su autoestima y sus límites.

El mayor desafío para el hombre es interpretar correctamente y apoyar a la mujer cuando habla de sus sentimientos. El mayor desafío para las mujeres es interpretar correctamente y apoyar al hombre cuando no habla.

Narrativas femeninas de libertad

La mujer de hoy está cambiando el sentido de su vida. Su mayor preocupación no son únicamente el hogar, su marido y los hijos, sino también el estudio y el trabajo, es decir, prepararse para competir en el mercado laboral y poder así escalar posiciones. El hombre, aunque sorprendido, comienza a aceptar este cambio como un hecho, pues necesita del apoyo de ella y de su inteligencia.

La mujer actual trabaja, es ejecutiva y maneja con habilidad distintos frentes: su familia, el trabajo, la vida social y su relación de pareja. Va a los colegios de sus hijos, los lleva al médico, asiste a conferencias, hace presencia en juntas directivas, acompaña a su compañero a reuniones, atiende a sus amigos. Se la ve más segura de sí misma porque no sólo se preocupa de los quehaceres domésticos y de su familia, sino que está empeñada en desarrollar otros valores, tales como el cuidado físico, la capacidad intelectual y la competencia profesional. Todo esto al lado de su compañero, a quien no sólo le exige ser su amante sino ser su socio y amigo.

Existe el mito de que la mujer es hoy muy independiente y por tanto imposible de complacer. Esto es falso. Lo que pasa es que ha evolucionado y cada vez es más difícil para el hombre entablar una relación sentimental con una mujer autónoma para «moldearla» a su antojo.

Ella quiere y necesita a su lado a alguien capaz, decidido y comprometido, que crea en la familia, que ame la estabilidad y la sinceridad, pero ante todo que comparta con ella sus proyectos de vida. La mujer de hoy cree en la igualdad de derechos y obligaciones. Como ambos trabajan y producen, exige también que ambos eduquen a sus hijos, y sobre todo que los dos busquen espacios de pareja, pues está más dispuesta que nunca a amar, a compartir, a sentir, a vivir y a experimentar emociones al lado de un compañero que rompa esquemas tradicionales en la relación de pareja, en los que generalmente existían relaciones paralelas, porque su compañera era solamente ama de casa y él necesitaba otra mujer que le brindara gratificación y placer.

La mujer está tratando de cambiar, de ser un ser humano más integral, con una profunda necesidad de amar y ser amada, de acariciar y ser acariciada, de ser más activa en el sexo: ya no teme proponer ni seducir a su compañero. Pero para ello necesita de todo un hombre que sea capaz de medírsele a este reto.

La mujer ha evolucionado en su pensamiento y en sus emociones y quiere participar en la construcción del mundo con sus propuestas. Hoy ha recuperado el ejercicio de la palabra: está en la política, en los medios de comunicación y en los libros. Por eso el hombre debe compartir más con ella los quehaceres de la vida cotidiana, su agenda, su tiempo, acompañarla en su evolución, como durante siglos ella lo hizo con él.

Pero es importante no caer en extremos. La mujer que trabaja, que es versátil y toma decisiones, que es autocrítica y reflexiva, no puede olvidar su feminidad, pues de lo contrario se convertiría en «otro hombre».

Para mantener la armonía es indispensable tomar conciencia de los siguientes puntos:

- El dilema entre el trabajo y el hogar puede llevarla a sentir una inmensa culpa, olvidándose de lo más importante: usted misma. Para ello hable con su pareja y acepte su participación en las diferentes actividades de la vida cotidiana.
- Aprender a fijar límites: identificar con claridad qué es lo que quiere, expresarlo a su compañero y a sus hijos y defender sus derechos de la misma forma como lo hace en su trabajo.
- Confiar y ser dueña de sí misma, quererse. Sentirse valiosa en el campo profesional e intelectual sin desvalorizarse en las relaciones afectivas.
- Tomar conciencia de que no es una supermujer que asume todas las responsabilidades sola. Aceptar que puede tener el apoyo, la ternura y la fortaleza de su compañero y la comprensión de sus hijos.

Narrativas masculinas de compromiso e intimidad

En Latinoamérica, la estructura familiar actual no tiene nada que ver con la de hace treinta años. Si bien sigue vigente la familia nuclear compuesta por padre, madre e hijos, la que continúa en aumento es la familia incompleta, en la que uno de los progenitores asume el cuidado de los hijos. Este crecimiento se debe en parte al aumento de las separaciones y al alto índice de viudez por causa de la violencia. En la actualidad muchos hogares dependen de un solo progenitor que cumple las funciones de crianza y cuidado de los hijos, familias en las que predomina la jefatura femenina.

A comienzos de siglo existía la familia patriarcal, en la que el hombre proveía el sustento de su esposa e hijos y era la única autoridad en la casa. Así mismo, la crianza de los niños era responsabilidad exclusiva de la madre. Ahora ella tiene que salir a trabajar, y por lo tanto un número creciente de hombres ha tenido que asumir las responsabilidades de cuidar a sus hijos en el hogar.

Además, hay otro tipo de familia en donde los hombres han tomado gran importancia: la familia padrastral. Hijos en edad preescolar, escolar o adolescentes, viven con padrastros en hogares recompuestos por sus madres, pues es mucho menor el número de niños que viven con madrastras.

Pero ¿qué papel está cumpliendo este hombre? ¿Qué piensa? ¿Qué siente? ¿Cómo cumple sus funciones de padre? Hace más de una década que un buen número de hombres se encuentran confundidos porque ya no se identifican con el viejo modelo machista, donde eran dueños de todo el poder, de las decisiones y el dinero. El cambio ideológico y el avance de las mujeres en la sociedad, su ingreso a las aulas universitarias y al mercado laboral y la opción libre por la maternidad gracias a los métodos anticonceptivos, enfrentó a los hombres al inevitable cambio en el rol tradicional de su masculinidad. Aunque el hombre se puede sentir amenazado y muchas veces desplazado, pues ya no es el único líder poseedor del control y del poder en el hogar y el trabajo, ha empezado a reflexionar y asumir con dignidad un proceso lento y difícil para reinventar su rol de padre y de compañero.

El «macho» de fuertes características sexuales dominantes desea ahora conquistar la sensibilidad, expresar el amor verbalmente, pedir ayuda, hablar de sus miedos y de sus emociones.

Las lecciones que tradicionalmente los hombres aprendieron en su familia, el colegio, el trabajo, la radio y la televisión estaban dirigidas a evitar la intimidad. El desarrollo de su yo interior fue siempre considerado como un afeminamiento. Afortunadamente esto está cambiando porque los hombres, a fuerza de asumir un rol que no preveían, luchan por aprender y por entender que también quieren disfrutar de la compañía de sus hijos, de su cariño y de su ternura. También ellos quieren ver crecer a sus hijos, no perderse de su primera sonrisa, de sus primeros pasos, de ir a recibir las calificaciones de sus niños y escuchar las conferencias en los colegios. Los hombres empiezan a entender que todo esto es intimidad.

El hombre de hoy es más consciente de que su imagen es definitiva para su hijos, para su proceso e identidad, para su seguridad afectiva, para sus futuras relaciones sentimentales y para su relación con el mundo.

Antes los pilares de la masculinidad eran la fuerza, la competencia y el poder. Ahora los hombres empiezan a entender que son más respetados por la fuerza de sus caricias, por el poder de sus abrazos que por la fortaleza de sus murallas.

El diagnóstico del padre actual es claro: le ha tocado enfrentar una fuerte crisis. No es la única figura de autoridad y protección. Culturalmente aún presenta confusión acerca de su rol de masculinidad y paternidad. Está haciendo un esfuerzo por reivindicar su papel afectivo dentro de la familia, así como su participación en las tareas domésticas.

Conteste las siguientes preguntas para saber si ha empezado a superar el rol machista y de padre tradicional:

- Cuando algo le preocupa, ¿puede hablar de ello y compartirlo con su compañera? ¿No teme demostrar que es vulnerable?
- ¿Puede comunicar sus sentimientos, dar ternura, besos, abrazos y caricias, es decir, intimidad, antes que buscar su satisfacción sexual?
- ¿Puede atravesar el umbral de las conversaciones cotidianas y establecer una relación genuina y profunda, en vez de esconderse tras un velo de palabras y de racionalidad?
- ¿Considera como algo femenino expresar amor verbalmente a sus hijos, disfrutar de su compañía, abrazarlos y besarlos?
- ¿Un hombre abierto, en su opinión, es un hombre libre, cálido, vulnerable, que no oculta sus sentimientos, que se ríe y es buen amigo de sus hijos?

- ¿Los negocios ya no ocupan el primer plano en su vida, ni cada minuto del día debe ser productivo, ni todo debe tener un objetivo inmediato?
- ¿La debilidad, la confusión, el temor y la compasión son sentimientos que puede compartir con su compañera y con sus hijos?
- ¿Ser un hombre ya no significa luchar con todas las fuerzas para suprimir las emociones y afirmar la independencia para superar a los competidores?

Ante el cambio observado en la concepción del *pater familias* surgen temores y perplejidades en ambos miembros de la pareja; la tranquilidad y la luz pueden surgir si los dos comprenden que no se trata del predominio del uno sobre el otro, sino de la convicción de que los dos están construyendo la empresa común más importante de la vida.

El hombre con dificultades para amar

Algunos hombres, solteros o casados, que salen con diferentes mujeres por un tiempo, cuando empiezan a involucrarse sentimentalmente suspenden la relación. Otros se sienten amenazados cuando su pareja los quiere comprometer afectivamente, porque le tienen miedo a la intimidad y a la posibilidad de depender de ella.

En estos casos, cuando se inicia la relación, la mujer percibe que el hombre necesita y quiere amor, que se interesa, que llama diariamente y cumple las citas. Pero tan pronto la mujer responde a esas necesidades afectivas y la relación empieza a estabilizarse porque comienza a amarlo, algo cambia. El hombre encuentra una excusa para terminar la relación, culpándola a ella, o simplemente huye. Por su parte, la mujer asume la culpa y encuentra en sí misma los errores que justifican el abandono.

Este hombre con dificultades para amar exhibe un patrón de conducta predecible: «búsqueda-pánico». Es decir, el hombre se escapa de la relación cuando ésta marcha muy bien. El problema es su incapacidad para llevar a cabo un compromiso.

Él no odia a las mujeres, sólo le teme al compromiso, pues se siente atrapado, encerrado; esto lo hace reaccionar con ansiedad extrema, y presenta respuestas fóbicas.

La actitud del hombre «compromiso-fóbico» es la de aparecer y desaparecer periódicamente. Cuando la relación es íntima y muy buena, él desaparece; tiempo después reaparece y promete no volver a hacerlo, para ausentarse nuevamente cuando la relación es más cálida. Este juego puede durar años.

El hombre fóbico al compromiso necesita tener siempre el control, con su actitud quiere deshacer cualquier idea de que la mujer pueda esperar una vinculación estable; para ello hace uso de varias estrategias. Una de ellas es desaparecer después de tener el primer contacto sexual con la mujer, lo que genera desconcierto. Otra es evitar la repetición de encuentros sexuales después de la primera vez, proponiendo una amistad que generalmente no se prolonga. Puede iniciar y mantener relaciones paralelas para evitar sentirse atrapado en exclusividad por alguna de ellas o saca a relucir su matrimonio como escudo para no comprometerse con quien tiene la relación paralela.

El tipo de nexo que establece con las otras mujeres no es diferente del que ha mantenido previamente con su esposa, y siempre termina retirándose.

¿Pero de dónde proviene el miedo a la intimidad?

A menudo estos hombres son hijos de padres que nunca intimaron entre sí o eran emocionalmente indiferentes con el niño, lo cual se convirtió en el modelo para sus futuras relaciones. También las experiencias traumáticas tempranas, tales como la pérdida de uno de los padres, pueden crear temor al abandono o una autoestima deficiente; por eso de adultos prefieren abandonar antes de que la mujer vea sus defectos y los rechacen. Para muchos hombres, las relaciones íntimas llegan a ser amenazadoras porque implican cierto grado de dependencia y creen que están perdiendo autonomía o, peor aún, que están a merced de su pareja; por eso necesitan tener el control en la relación sentimental.

El miedo a la dependencia emocional o al compromiso auspicia el sexo en una relación ajena al matrimonio. La relación con otra mujer es más superficial y por eso el hombre se siente más libre. Pero el placer inmediato es un escape de la intimidad.

Los hombres adictos al alcohol, a las drogas y al sexo también suelen emplear estos medios para escabullirse de los vínculos estables porque le temen a la intimidad. Tienen anestesiados sus sentimientos y prefieren negarlos antes que contactarse con ellos para validarlos.

Reflexiones acerca de la intimidad y el compromiso

- Si usted tiene miedo de amar es porque teme perder el control, ser vulnerable, sentirse frágil y ser herido.

- La intimidad implica mirarse a sí mismo y comprenderse; aprender a escuchar las propias emociones y permitirse sentirlas, responsabilizándose de ellas; asumir la propia historia para poder abrir el corazón y la mente a la pareja.
- Empiece a ver las relaciones como una forma de descubrirse a usted mismo, porque sus relaciones afectivas son su espejo, una extensión de su vida interna.
- Recuerde que el amor es más importante que el éxito y el poder, que el tener y el hacer, que la popularidad y la fama. Cuando se pierde el contacto con el corazón, con lo que pasa dentro de usted, con su ser, es cuando deja de tener intimidad.
- Responsabilizar a su pareja de su insatisfacción, lo único que hace es perpetuar el problema. Usted es el único responsable.

Finalmente, las respuestas no están fuera de usted, sino dentro, y las encontrará al ponerse en contacto con sus sentimientos de miedo, rabia, odio, amor y soledad. Sólo entonces podrá ser libre para comprometerse en una relación sentimental profunda.

Maternidad y conyugalidad

La verdad es que se espera demasiado de la mujer como esposa y como madre: debe ser la compañera que llene todas las expectativas desde los puntos de vista emocional, de organización del hogar, de manejo de los hijos; pero también la mejor amante y socia financiera, la mejor amiga y consejera, la persona que comparta las tardes aburridas del domingo. Esto es más de lo que puede dar la convivencia...

¿A qué persona se le pide que satisfaga todas estas expectativas? La sociedad ha contribuido a la idealización de la mujer como esposa y madre, porque la necesita como uno de los pilares básicos para su supervivencia.

Hace unos años era común la misoginia (maltrato y descalificación de la mujer por el hombre), se aceptaba legalmente que se llegara al asesinato de la mujer «por ira e intenso dolor del hombre» cuando ella era infiel; eran frecuentes los insultos y la agresión cuando ella no pensaba o no hacía lo que él quería; solamente podía ser ama de casa, era incapaz de vivir sola y de mantenerse económicamente. Tenía un pobre mundo afectivo y espiritual porque para trascender hay que ser uno mismo y no ser del otro ni para el otro.

Sin embargo, la mujer actual ha despertado de ese prolongado letargo. Se prepara y se desarrolla; piensa y reflexiona y exige también sus derechos de igualdad; quiere ser bien tratada y mantener un vínculo en el que la pareja, hombro a hombro, construya su relación.

Si bien esta situación empieza a cambiar en las nuevas generaciones, y en concreto en las clases sociales más favorecidas, en las que la mujer puede estudiar y trabajar, en los niveles de bajos recursos no le es permitido dejar a un lado las tareas que la sociedad y las costumbres le exigen, completando así una doble jornada de trabajo o lo que se ha denominado el «trabajo invisible» porque sólo se ve si ella no está. De esta manera su mundo resulta bastante limitado en su autonomía.

El hombre ha sido educado para ser él mismo, para defender sus derechos; en cambio, la mujer ha sido formada para estar con «su» hombre, para depender de él, especialmente en la vida afectiva. Vemos incluso mujeres eminentes que se destacan en el campo profesional, productivo y político y que en el terreno emocional presentan un enorme vacío que debe ser llenado por la dependencia respecto de su compañero. En este aspecto su autoestima es baja, matizada por un profundo miedo a la soledad. Ellas valen si su compañero está, si existe el vínculo.

Solamente los cambios que una mujer pueda hacer en el interior de su propia familia como compañera y socia de su pareja y como madre que educa e influye en la formación de sus hijos, podrán marcar una gran diferencia en el camino hacia la igualdad de los sexos y hacia una mayor independencia femenina.

Éstos son algunos factores que muestran un cambio en el rol de la mujer como compañera y como madre:

- Existen nuevas concepciones de masculinidad y de feminidad. Las jóvenes luchan por romper los modelos de dependencia en los que fueron educadas sus madres, y los jóvenes empiezan a expresar más sus emociones y a acercarse a la intimidad y al compromiso.
- La mujer hoy es más consciente de la importancia de su papel de amiga y de amante y ha dejado de estar pendiente sólo de su esposo y del cuidado de sus hijos sin recibir una atención recíproca de su familia.
- La mujer actual hace partícipe a su compañero de las revisiones mensuales del embarazo, de las clases pre-

paratorias para el parto y le exige que tome un papel activo e igual en la crianza de los hijos.

- La mujer-madre de hoy finalmente está empezando a exigir y a colaborar en los cambios de su compañero. El hecho de que ambos trabajen fuera del hogar, de que compartan las tareas domésticas y el cuidado de los hijos, además de un cambio creciente en la forma de expresar los sentimientos, son aspectos que ahora hacen parte de la experiencia masculina.

Esto no implica que las diferencias significativas entre uno y otro sexo vayan a desaparecer, pero sí se han producido cambios en los últimos años en el papel del hombre y en el de la mujer, especialmente como esposa y como madre, que afectarán su relación en el futuro.

CAPÍTULO 4

Ejes que conforman la relación de pareja

¿Qué hace funcional a una pareja?

Puesto que el amor no basta para la convivencia, son muchas las parejas que se encuentran insatisfechas y que desconocen las causas de su frustración.

En muchas ocasiones ésta es indefinida, y en otras los motivos están entremezclados y confusos. Las formas de afrontar los conflictos también pueden ser incorrectas.

En primer lugar, algunas parejas se esfuerzan por ignorar sus problemas. No logran identificarlos y mucho menos manifestarlos asertivamente a su cónyuge. El hecho de no reconocer sus propias necesidades afectivas y desconocer las del compañero o compañera, produce desilusión y desengaño: «Yo imaginé que ella me ayudaría con la carga económica»; «Pensé que él me consentiría como cuando éramos novios». Cuando estas necesidades no se discuten para llegar a un acuerdo, aumenta la vulnerabilidad frente a la ansiedad y a la depresión.

En segundo lugar, la mayoría de las parejas, especialmente las conformadas por personas jóvenes, parten de una premisa falsa. Es el caso de quienes desde el principio de la relación decidieron: «Esto durará lo que dure el amor y luego nos diremos adiós». El error inicial radica en creer que el enamoramiento durará toda la vida, cuando la realidad es que ambos deben edificar y mantener la relación como si fuera una planta, o ¿pretendemos quizás que una mata florezca regándola una vez al año? Al vínculo hay que cuidarlo diariamente, y el mejor camino, posiblemente el único, es aquel que permite reconocer cómo y para qué surgen los problemas, que deben ser comentados y afrontados por ambos miembros de la pareja con una actitud constructiva y cooperadora.

Para ello es importante delimitar las áreas o los ejes de la convivencia, observar en cuáles hay menos satisfacción y empezar a trabajar para redefinirlos y hallar soluciones.

Los principales ejes que conforman un vínculo son:

- Comunicación.
- Expresión de sentimientos afectivos.
- Expresión de sentimiento sexuales.
- Manejo del dinero.

Comunicación

- ¿Escucha a su pareja con atención y lo o la mira cuando le habla?
- ¿Encuentra a diario un rato para charlar?
- ¿Llegan a un acuerdo tras una discusión, aunque el acuerdo sea el desacuerdo?
- ¿Ceden por igual ante una discusión?

- ¿Se sienten cómodos con la forma de mirarse, con el tono y el timbre de voz que emplean para hablarse?
- ¿Pueden tener conversaciones profundas?
- ¿Se comunican sin juzgarse?
- ¿Plantean soluciones a los problemas y no problemas a las soluciones?
- ¿Aceptan las críticas de buena manera?
- Si hay diferencias ¿pueden ceder un poco?

Expresión de sentimientos afectivos

- ¿Se expresan cariño (besos, abrazos, caricias)?
- ¿Permiten que se conozcan sus sentimientos?
- ¿Se dan cuenta de sus estados de ánimo?
- ¿Perdonan los errores?
- ¿Se disculpan cuando se equivocan?
- ¿Se elogian con frecuencia?
- ¿Se dan sorpresas?
- ¿Agradecen los detalles?
- ¿Se valoran y respetan mutuamente?
- ¿Les gusta hacerse compañía?
- ¿Tienen espacios para los dos?
- ¿Se hacen respetar frente a sus familias de origen?

Expresión de sentimientos sexuales

- ¿Pueden expresar sin temor el deseo de tener una relación sexual?

- ¿Hay juegos preliminares antes de llegar al orgasmo?
- ¿Pueden hablar abiertamente sobre lo que les gusta o disgusta en la relación sexual?
- ¿Hay ternura mientras hacen el amor?
- ¿El coito es agradable?
- ¿Hablan de sus problemas sexuales y buscan soluciones?
- ¿Pueden expresar la iniciativa para tener relaciones sexuales?
- ¿Reaccionan negativamente cuando su pareja no desea tener relaciones?

Manejo del dinero

- ¿Saben cuánto gana su pareja y cuánto aporta al hogar?
- ¿Les gusta la actual organización económica?
- ¿Tienen libertad para hablar y decidir acerca de la economía doméstica?
- ¿Son responsables con el manejo del dinero?
- ¿Disponen de dinero para sus gastos personales?
- ¿Las decisiones económicas las toman de común acuerdo?

Despúes de contestar estas preguntas, conviene que la pareja intercambie las respuestas y comente ampliamente los resultados obtenidos. La perspectiva es que cada miembro se mire a sí mismo más que a su pareja, porque de lo contrario este ejercicio se convierte en un enjuiciamiento.

Entre las personas que comparten una relación de pareja, y en especial si están atravesando una mala época, es habitual quejarse de la falta de entendimiento que el compañero o la compañera muestra por sus propias necesidades. En general, lo que ocasiona esta falta de comprensión es la ausencia de una habilidad de comunicación llamada empatía o capacidad de ponerse en el lugar de la otra persona para intentar sentir lo que ella siente y comprenderla.

Si las preguntas anteriores son contestadas pensando en experimentar con la imaginación las mismas emociones que su pareja le describe, como si usted las hubiera vivido, sin juzgarlas, como si fueran amigos, notará algo mágico que es el maravilloso efecto de sentirse escuchado y comprendido. No importa que la sensación descrita sea alegre, triste, buena o mala; se trata de imaginar, por un momento, que se siente lo mismo.

Expresión y comunicación de sentimientos

Muchas mujeres han experimentado la frustración de sentirse excluidas de la vida emocional del hombre a quien aman. Sienten que no pueden hablar de lo que a ellos les preocupa ni pueden compartirlo, porque les cuesta trabajo pedir ayuda y demostrar que son vulnerables. Se quejan también de que los hombres ofrecen satisfacción sexual pero no intimidad emocional. Son demandas que las generaciones anteriores de mujeres nunca habían formulado.

A su vez, muchos hombres desearían ser comprendidos por sus mujeres sin tener que hablar de sus sentimientos y llegar a la satisfacción sexual sin pasar por tantos preámbulos y exigencias afectivas.

Hombres y mujeres tienen distintas maneras de expresar sus necesidades emocionales, y en cuestiones del corazón hablan distintos idiomas. Ninguno es mejor que el otro, simplemente son diferentes.

Los hombres, en general, han aprendido desde su infancia que sólo un estrecho margen de emoción les está permitido: agresividad, ira, competitividad, sentimientos asociados con el control; que necesitan una meta que dé a sus esfuerzos forma y sentido. De ahí el énfasis en la conquista. Ellos necesitan razones para todo. Ser hombre significa "nunca dejarse llevar por las emociones, afirmar la independencia y aferrarse a los objetivos".

Las mujeres, en general, crecen adaptándose al modo de pensar de los demás; por eso son más sensibles a la aprobación. Se las estimula para hablar y tener intimidad, es decir, para disfrutar de la compañía de los otros, sin pretender lograr un objetivo.

La forma de enfrentar los sentimientos en los dos géneros también es diferente. Ante las emociones negativas de sus compañeras, los hombres tienden a reaccionar con mecanismos tales como el silencio y la distancia, por ejemplo, ante las demandas repetitivas a las cuales denominan «cantaletas». Los mensajes que tienen que ver con temas emocionales como el sexo y el afecto suelen transmitirlos en forma indirecta, es decir, con chistes e ironías. Por su formación tienden a ser más analíticos y visuales; y olvidan situaciones desagradables más fácilmente que las mujeres.

Por otro lado, ellas reconocen que se vuelven repetitivas cuando no son escuchadas por sus compañeros y cuando buscan apoyo, caricias y empatía sin obtener respuesta. Su educación les ha reforzado la capacidad de ser más verbales y suelen enviar sus mensajes con acentuadas actitudes gestuales y corporales. Por lo general, recuerdan con facilidad problemas no resueltos que datan de hace años, y los conectan con situaciones desagradables del presente.

Hombres y mujeres son muy diferentes, pero el factor más importante para una relación satisfactoria de pareja es la capacidad de ambos para expresar sentimientos. La mujer quiere que el hombre se quite ese pesado disfraz de la represión, que le hable y la escuche, que deje de tener el control de la televisión, de sentarse horas en el computador y contestar el celular. Que se ría, que llore, que acaricie y ayude en las tareas domésticas.

El hombre quiere una mujer más comprometida con él en los proyectos económicos, más productiva, que no sienta vergüenza por ser más abierta en la sexualidad, por iniciar las relaciones sexuales y proponer más planes eróticos, más aventuras.

La lucha actual de las mujeres es la búsqueda de su identidad, y para ello deben romper las limitaciones de la dependencia y desarrollar la capacidad de autonomía.

La de los hombres es expresar más sus sentimientos sin sentir que por eso son débiles y más vulnerables.

A los hombres les gustaría que las mujeres:

- Expresen sus sentimientos en forma directa y sin dobles mensajes ni cantaletas. Es decir, que pongan límites con firmeza y decisión.
- Olviden las emociones negativas del pasado; que sean menos «históricas».
- Sean más analíticas y menos emotivas cuando hablan de lo que sienten.

- Expresen las emociones pero no repetitivamente.
- Refuercen lo positivo y no expresen sólo lo negativo.
- Comprendan el derecho a sus espacios personales «sin sospechas».

A las mujeres les gustaría que los hombres:

- Demuestren sus sentimientos sin vivirlos como una debilidad.
- Las escuchen sin juzgarlas.
- Expresen sus emociones sin agresividad y sin castigar con el silencio cuando tienen un problema.
- Sean más detallistas y tiernos.
- Les digan que las aman cuando hacen el amor.
- Las tengan en cuenta en temas de interés general: política, dinero, decisiones.

Cómo manejar los conflictos en la comunicación

El amor romántico, la magia del enamoramiento, la poesía y las canciones, hablan de que «somos dos seres en uno». Sin embargo, la convivencia en pareja muestra todo lo contrario: somos dos sin dejar de ser uno. Efectivamente, somos dos seres distintos, con diferentes maneras de pensar, de sentir y de actuar.

Para lograr esa etapa de madurez en el arduo camino de la convivencia emocional es necesario aprender que unas veces se tiene la razón y otras no. Cuando las parejas se enamoran, el uno se diluye en el otro, fusionándose para ocultar los defectos. Se desdibuja el yo de los individuos para entablar una profunda dependencia. Cada uno actúa como cree que el otro quiere que actúe. Pero este sentimiento no es duradero.

¿Por qué? La pareja finalmente tropieza con la realidad. Si no logra enfrentarla acaba ensartada en una lucha de poder en la que se culpan, hieren y atacan; se instauran el reproche y la descalificación como forma de comunicación permanente.

Aun en las uniones más satisfactorias hay fuertes peleas que deben confrontarse y superarse. De lo contrario las parejas serían «sepulcros blanqueados», es decir, blancas por fuera pero muertas por dentro.

Pelear y reconciliarse, compartir y disentir implica todo un aprendizaje que se inicia cuando se entiende qué significa ceder; y ceder es aceptar o tolerar que el compañero o compañera pueda tener otra perspectiva. No hay pues una verdad única. En la pareja hay dos formas de ver el mundo, dos maneras de apreciar los problemas en relación con la forma de darse afecto, de comunicarse, de hacer el amor, de educar a los hijos, de manejar las finanzas, de divertirse, de relacionarse con los amigos. Por eso hay que buscar la verdad en el consenso, la verdad de los dos, el mínimo de acuerdo para lograr un cambio o llegar a una decisión; otras veces es imposible estar de acuerdo, pero basta con expresar los sentimientos y validarlos.

Convivir no implica dependencia total de la otra persona. Mantener la individualidad y gran parte de los propios gustos e intereses significa no renunciar a una buena dosis de independencia. De esta manera, la relación es un intercambio constante y enriquecedor en el que se sigue con la otra persona voluntariamente. Es a diario una elección libre.

Recordemos que la satisfacción permanente no se da en forma gratuita. Se cree que cuando se inicia la convivencia todo seguirá igual: el esposo debe llegar a la casa todas las noches dispuesto y alegre; la esposa debe estar descansada y ser siempre colaboradora. El mal humor que antes se expresaba de vez en cuando, ahora se vuelve más constante; la timidez que parecía antes pasajera, provoca ahora discusiones. Cuando eran novios o amantes tenían espacio para el vínculo, y ahora de vez en cuando salen pero con los niños.

Aparecen entonces las discusiones, los desacuerdos, las peleas y hasta las rupturas. De allí la importancia de expresar los sentimientos y enfrentarlos, pero también de comprender las emociones del compañero y de la compañera; de ser flexibles y condescendientes para modificar las actitudes que contribuyan a la conciliación. Esto hace que los miembros de la pareja se acepten y se respeten, compartan las penas y las alegrías y sean los mejores amigos y amantes.

Actitudes que facilitan la comunicación

1. Escuchar y validar

Validar es aceptar con palabras o actitudes corporales lo que la otra persona expresa, aunque no se esté de acuerdo. Es no evadir, ni cambiar el tema, ni aceptarlo por salir del paso, es realizarlo con hechos. Tratar de ponerse en los «zapatos» de la otra persona, cuando expresa ideas o sentimientos en vez de juzgar, interpretar o hacer diagnósticos.

Las personas que no saben discutir, no se informan. Están tan seguras de que tienen la razón, que piensan que es inútil oir y entender el punto de vista del otro.

2. Expresar con firmeza una opinión

Saber comunicar los pensamientos y sentimientos tanto con las palabras como con las actitudes, sin que haya contradicción ni dobles mensajes. Se trata de enviar un solo mensaje y cumplirlo.

3. Esperar la réplica y aceptarla, aunque no se esté de acuerdo

Reconocer que la otra persona tiene algo de razón la torna receptiva y le ayuda a ganar más control sobre la situación. En consecuencia, la pareja estará más abierta y dispuesta a ceder parte de su posición. Así se inicia la reconciliación con base en un acuerdo parcial.

4. Preguntar para ampliar la información y para no asumir lo que la otra persona siente o piensa

Además de escuchar con una actitud activa e interesada, es de vital importancia hacer preguntas. No «leer la mente» de la otra persona, sino cerciorarse primero y confirmar lo que ella piensa. Cuántas veces los malos entendidos empiezan por el desconocimiento y la ignorancia acerca del contenido del tema. Por ello la mejor herramienta es preguntar.

5. Saber suspender o posponer la comunicación

Las parejas que funcionan bien pueden pelear, pero las suyas son discusiones cortas y centradas. Confían en que cualquiera de los dos reconocerá algo del otro cambiando la actitud negativa por una positiva e iniciará la resolución del conflicto. Las parejas disfuncionales se enganchan en una larga secuencia de actitudes negativas y son incapaces de romper el ciclo que alimenta el desprecio, la descalificación, la ironía, el silencio como castigo y la falta de respeto.

Procure no extender las discusiones indefinidamente hasta llegar al agotamiento, para evitar explosiones emocionales de ira y dolor.

6. Admitir la responsabilidad y asumirla

Cada individuo es el único responsable de la calidad de su vida. Si está sufriendo o sus necesidades no están satisfechas, es algo determinado por sus propias elecciones y experiencias. Existe placer en culpabilizar.

7. Elegir el momento oportuno, ser breve y específico

La comunicación y la expresión de los sentimientos se facilita si los miembros de la pareja se preocupan por escoger el lugar indicado en el mejor momento. Hablarle al marido de las malas notas del hijo cuando viene cansado de trabajar es exponerse a una respuesta poco amable.

Cuando se discute algún tema es preferible no revivir el pasado, pues las discusiones se tornan vagas, surgen más desacuerdos y se alargan las sesiones innecesariamente. Darle vueltas al problema puede ser interesante, pero no lo resuelve; además, es irrelevante. La queja es destructiva, porque quien la recibe se coloca a la defensiva.

8. Comunicar los mensajes en forma de petición y no de queja

De esta manera no hay que armar una escena para llamar la atención de la pareja a través de las quejas interminables. Después de expresar el pensamiento o el sentimiento en forma de petición, se procede a concretarlo como comportamientos o conductas claras para ser realizadas posteriormente.

9. Solución del problema

Una vez se identifiquen las actitudes que entorpecen la comunicación, se deben convertir las quejas (lo que le molesta) en peticiones (forma de pedir cambios), y éstas en acciones concretas (hechos realizables para lograr un cambio).

Finalmente, hablar de manera más concreta es una forma de desarrollar el hábito de pensar con más precisión antes de hablar y reforzar el respeto, la confianza y una verdadera amistad con la pareja.

Queja	*Petición*	*Acción*
• «Como nunca me escuchas; ni me tienes en cuenta para nada...»	• «Me gustaría que me valoraras y dieras importancia a lo que hago».	• Mostrando más interés en mi trabajo y actividades en el hogar. • Preguntándome qué hice, cómo me fue. • Mirándome cuando hablo. • Expresando dudas y opiniones para enriquecerme. • Escuchándome con paciencia y tolerancia. • Sentándonos a conversar con calma.

Cuando se ha aprendido a cambiar las quejas negativas por recomendaciones positivas específicas es más fácil incrementar la frecuencia de los comportamientos positivos y se podrán negociar acuerdos.

Sexo o hacer el amor

En el lenguaje del amor, el cuerpo no es una entidad físicamente autónoma, con sus propios patrones de comportamiento; más bien es una extensión de todo nuestro ser, que expresa los más profundos sentimientos. El cuerpo vive en armonía con lo que somos, con lo que sentimos, con nuestra respiración, con lo que pensamos y con nuestras vivencias.

La forma como la cultura y la religión transmiten un determinado modelo acerca del erotismo y de la sexualidad, así como el ejemplo de los padres y sus enseñanzas, influyen en las sensaciones físicas y emocionales de los hijos para ser libres o, por el contrario, para bloquear la comunicación afectiva y sexual con su pareja.

Descubrir los sentimientos ocultos detrás de esta educación puede llevar a las parejas a comprender que muchas veces han sido condicionadas a pensar en el sexo como en algo de lo que no se debe hablar abiertamente, algo que es malo e incluso sucio.

Las creencias juegan un papel muy importante en la manera de proceder en las relaciones íntimas. La evaluación de si el sexo es bueno o malo depende, al menos en parte, de lo que se crea acerca de cómo debería ser. Todos los «debería» y «tendría» convierten la sexualidad en un sacrificio o en un problema, privándola de su cáracter de experiencia espontánea que puede ser divertida, amorosa y revitalizadora. Es necesario recordar que el órgano sexual más poderoso es la mente.

El mayor de los equívocos sobre el sexo consiste en identificarlo con el coito. Somos sexuales cuando abrazamos, tocamos, besamos, amamos. El sexo es, pues, mucho más que el acto de la penetración.

Puesto que el sexo es también la expresión de las emociones, antes de pensar en hacer el amor hay que reflexionar acerca de la afectividad o la capacidad de expresar los sentimientos.

Expresar sentimientos es decirle a su pareja que la ama, es comunicarse y poder pedir ayuda; es expresar los miedos sin sentirse juzgados; es reír y disfrutar de la compañía de la otra persona, tocarla, abrazarla y besarla. Expresar las emociones y las necesidades afectivas es perder el miedo a mostrarse vulnerable, dar y recibir ternura, ser capaces de construir una amistad con dos elementos básicos: intimidad y complicidad.

Las parejas felices muestran un alto grado de interés en compartir los hechos cotidianos, en fomentar la amistad y la expresión de las emociones, de donde se derivan la sensualidad y el erotismo. Es decir, la magia del amor, los ritos y ceremonias que anteceden al placer físico. Es la satisfacción sensorial que refleja el verdadero sentir de las personas y sus deseos más íntimos. Es dejar la timidez para amar libremente, con entrega y compromiso, sin tabúes.

Las parejas con dificultades evitan estar juntos y planean muy poco tiempo en compañía. Muchas de ellas, después de la convivencia, no vuelven a compartir sus espacios, lo cual lleva a deserotizar el vínculo y al irremediable alejamiento.

La sexualidad no está en los órganos sexuales sino en la comunicación, en la capacidad de dar y recibir afecto y placer. Por eso es necesaria una actitud relajada, desprevenida, sin expectativas, que no anticipe nada. Evitar la actitud crítica de análisis y evaluación constante de un miembro de la pareja a otro. Sólo dejarse ir... y expresar el sentimiento amoroso profundo, es decir, la caricia; dejar fluir las sensaciones, los deseos, las fantasías, permitir que nazca la intimidad, escucharse, hablar, sonreír, tener humor, abandonar el miedo de dejarse amar, soltarse... confiar.

Atrévase a decirle a su pareja al oído lo que le gusta. Con palabras tiernas, afectuosas, jueguen a que se están conociendo. Inventen fantasías, utilicen los órganos de los sentidos: verse, mirarse a los ojos, oirse, decirse palabras bonitas, cosas excitantes, escuchar música. Tocarse, explorarse, hacer juegos táctiles de descubrimiento, de placer… Acariciarse la espalda, la cintura, el cuello, la entrepierna. Bañarse juntos, jabonarse, hacerse masajes con una loción suave y tibia, sin sexo. Esperar para volver a empezar. Olerse, utilizar perfumes. Expresar cuáles son sus preferencias sensuales, qué partes del cuerpo desean que se acaricien y cómo.

Pensar sensualmente facilita el sexo. Unos buenos medios son la música y los libros eróticos. También evocar los momentos agradables y placenteros del pasado, traerlos a la mente una y otra vez. Contarse fantasías sexuales y ponerlas en práctica.

Recuerde que no hay prisa para sentir placer. El orgasmo dura poco; en cambio, el juego sexual es más duradero. El objetivo no es buscar el orgasmo. Existen un antes, un ahora y un después.

La unión sexual no es solamente búsqueda de placer. Más que esto, es el lazo que une el alma al cuerpo. El amor carnal se utiliza para alcanzar la espiritualidad. Para los tantras, textos de filosofía oriental que enseñan el arte de saber vivir, el cuerpo no es algo pecaminoso; por el contrario, es sagrado, tiene sus jardines, sus riveras y sus santuarios. El cuerpo, según estos textos rituales, es el «templo del alma», y cuando el alma y el cuerpo se hacen uno, esa fusión de las dos fuerzas genera la vida: Shakti (el principio femenino) y Shiva (el masculino). Así, cada vez que ambos se unen, están marcando la creación del universo. Y el acto de amar crea y recrea el mundo cada vez.

Para alcanzar la armonía es necesario que el hombre comprenda que la eyaculación no es la culminación del placer, sino, por el contrario, el enemigo que acaba con todo. Así, el hombre podrá controlar su placer y responder a las necesidades de su compañera.

De allí la importancia de que la pareja pueda comunicarse durante el acto sexual, expresar sus deseos, darse placer, describir sus sensaciones y permanecer atentos a su cuerpo.

Un secreto celosamente guardado en la vida sexual de la pareja consiste en controlar los músculos de los órganos genitales, una vez tras otra, manteniendo la concentración máxima durante cinco segundos, para luego aflojar. Practicando cada día cinco minutos este ejercicio, durante el acto sexual, el sexo femenino logrará cerrar al sexo masculino como si fuera una mano, llegando ella a controlar el momento cuando quiera abrirlo o volverlo a cerrar, según su deseo y el de su compañero.

Cómo disfrutar más intensamente las relaciones sexuales

- Dedicar uno o dos espacios semanales para practicar el erotismo.
- Cambiar el ambiente por uno más romántico e insinuante: velas, incienso, música.
- Invertir mucho más tiempo en los juegos preliminares de la excitación. Es la mejor oportunidad para conocerse.
- Lo que determina la excitación que lleva al orgasmo en la mujer, casi siempre es la estimulación en la zona alrededor del clítoris.
- La mujer obtiene orgasmos más fácilmente si durante la penetración es ella quien está en la posición superior.
- Generar movimientos que favorezcan la sensibilidad, excitación y orgasmos de hombres y mujeres, tales como movimientos circulares con los que se comunican solidariamente los dos sistema genitales, pequeños movimientos de vaivén o dejar los cuerpos quietos, moviendo cada uno solamente sus respectivos músculos puvo coccígeos.

Se detectan dificultades en la sexualidad cuando:

- Se acaba el deseo sexual.
- No se hace el amor por meses o años.
- Hay limitación para hablar del sexo con la pareja.

- La relación de pareja se vuelve filial.
- Hay dificultad para expresar los sentimientos.
- Se finge el orgasmo o placer durante la relación sexual.
- Se dan discusiones y peleas frecuentes y se tarda mucho tiempo en hacer las paces.
- Hay imposibilidad para expresarle a la pareja que no se quiere hacer el amor.
- Se cree que el sexo es algo vergonzoso o sucio.

En estos casos es importante enfrentar el problema y no dejar pasar mucho tiempo negándolo. Generalmente detrás de un conflicto sexual se observan dificultades en otras áreas de la convivencia, como en la comunicación, en la forma de dar afecto, incluso en el manejo del dinero, y en especial en la convivencia, que se ha vuelto rutinaria y tediosa. Un cambio de actitud podría ayudar a armar un verdadero equipo para solucionar el problema.

Hacer el amor es una arte, una danza interminable en la que el cuerpo es el templo del alma y el sentimiento su lenguaje.

El dinero en la pareja

Cuando la pareja decide convivir en forma estable, el dinero se convierte en un factor esencial; sin embargo, en lugar de hablar claramente sobre el tema, de discutirlo y asumir las responsabilidades que le corresponden a cada uno, los miembros consideran que el tema económico está definido de antemano en forma «natural» y que hablar de ello rompería las ilusiones del amor romántico y conduciría a enfrentarse a una difícil realidad.

Nada más falso. El dinero es un tema candente que refleja en forma clara los matices del poder, el control, la dependencia y la culpa. Hablar del dinero en la pareja es hablar de cómo es la relación, de lo cotidiano, de lo obvio. El dinero tiene también un valor afectivo y sexual. Por ejemplo, en el caso del hombre que compra el silencio de su esposa para poder ser infiel a cambio de dádivas materiales, pacto corrupto que no se expresa pero que corroe el vínculo. Las mujeres que se entregan afectiva y sexualmente a sus compañeros por temor a la soledad y al enfrentamiento de la vida independiente, son seres incompletos e inmaduros que necesitan protección a cambio de funcionar como un apéndice de «su hombre».

Hablar del dinero en la pareja es hablar también de valores como la generosidad, el respeto, la honestidad y el amor.

Una relación de pareja funciona cuando cada uno de sus miembros acepta y respeta al otro, cuando se pone en su posición y acepta su perspectiva. Sólo de esta manera es posible comunicarse. Pero aquí surge el problema, porque las personas desarrollan patrones de comunicación según la forma como fueron educadas.

Los hijos imitan a sus padres, adoptan la manera de administrar el dinero, aceptan actitudes y creencias que luego determinan formas de ser con respecto a su propia pareja. Así, hay personas gastadoras, puritanas, avaras, compradoras obsesivo compulsivas, programadas, derrochadoras, ahorradoras, etc. Cada tipo de personalidad está determinado por todos los mensajes, promesas y memorias emocionales relacionadas con el dinero, que vienen de la familia de origen, de los compañeros, de la cultura, de la religión, y que son asimilados por el carácter de cada individuo. Los avaros no sólo lo son con la plata, sino con los sentimientos y las palabras. Los generosos son también dadivosos y expresivos.

Cuando hay menos comunicación, más se encierra cada uno en sus puntos de vista, asumiendo actitudes defensivas frente al otro miembro de la pareja, atacándose mutuamente por sus diferencias, en vez de reconocer los aspectos positivos de cada una de las personalidades y lo que el dinero representa. Para ella el dinero puede significar amor y felicidad, y por eso es gastadora; y para él seguridad, y por eso es ahorrador.

Además, hay diferencias de género que influyen en el manejo desigual del dinero, lo cual lleva a conflictos a veces inmanejables en la relación de pareja. Es el caso de muchos hombres que son educados para percibir el mundo en forma jerárquica y competitiva y que con la complacencia de sus compañeras manejan las cuentas, el pago de impuestos, de los colegios de los hijos y generalmente no las consultan. En cambio, para las mujeres el manejo del dinero es más democrático y cooperativo. Ellas tienden más a compartir y se las estimula para que sean dependientes. Ellos son más dominantes y controladores; ellas más impotentes y temerosas, sentimientos que se disimulan en la alcoba nupcial y que convierten a la pareja en un oscuro campo de batalla en donde el dinero es vivido como un arma que debe ser utilizada para defenderse de quien comparte las mayores intimidades y conoce los aspectos más vulnerables de su pareja.

Debido a estas diferencias, muchos hombres y muchas mujeres chocan al tener que tomar decisiones relacionadas con el dinero, porque los hombres no se ven como parte de un equipo y por eso viven como una ofensa que ellas se atrevan a tocar el tema, lo cual equivale para ellos a desconfiar del manejo que le dan al dinero.

En este sentido, el dinero para ellos es como el sexo: se supone que todo lo saben. Las mujeres son educadas con el mensaje de que no entienden de finanzas, y que si tienen suerte un hombre se encargará de las operaciones financieras. Cuando un hombre gana en un negocio, el mérito es suyo; si pierde, la culpa es de las circunstancias o de la suerte. Cuando una mujer gana, se debe a las circunstancias o la suerte; si pierde, la culpa es de ella. A las mujeres se les paga menos por el mismo trabajo que hace el hombre, lo cual disminuye su confianza. En nuestra cultura una mujer tiene que trabajar el doble de lo que trabaja un hombre para obtener la mitad del reconocimiento que se le da a él. En general, cuando el hombre gana más que la esposa, considera que tiene derecho a tomar decisiones financieras. Cuando la mujer gana más, casi siempre comparte democráticamente esa responsabilidad. Aunque también hay muchos casos en los que lo que el hombre gana lo aporta a la casa; en cambio, la mujer toma sus ganancias para ella.

Estrategias que dificultan la comunicación acerca del dinero

- Asumir actitudes defensivas que polarizan: un miembro de la pareja se coloca arriba porque afirma tener la razón y el otro abajo porque acepta no tenerla; existe un ganador y un perdedor.

- Evitar preguntas del compañero más vulnerable sobre el tema del dinero, para no dar información y tener más control.
- Manipular, culpar, chantajear, atemorizar al miembro más desprotegido económicamente hasta lograr la dependencia casi absoluta de su personalidad.
- Dar dinero a cuentagotas después de muchos rodeos, porque quien tiene el poder es quien posee la información sobre como circula y como se invierte.

Cómo hablar acerca del dinero

- Fijar espacios para hablar en privado con reglas de comunicación asertivas. Por ejemplo, evitar juicios de valor, suposiciones, dobles mensajes, ironías, sarcasmos, agresiones, silencios defensivos, interrumpir, cantaletear.
- Hablar sobre los hábitos y costumbres en cuanto a los gastos en sus respectivas familias de origen para entender las diferentes maneras en que han sido educados. Así es más fácil ponerse en la perspectiva de la otra persona y comprenderla.
- Validar o reconocer las diferencias, adoptando una actitud de receptividad y «mente abierta» hacia los comentarios de la pareja. Así se cambian los aspectos que bloquean el procedimiento para llegar a acuerdos acerca del manejo del dinero.

Cómo programar los gastos conjuntamente

- Presupuesto de gastos fijos mensuales: arriendo, crédito, administración, servicios, mercados, colegios, salud, seguros, transporte, etc.

- Presupuesto para gastos extras: recreación, regalos, medicamentos.
- Lista de prioridades: no endeudarse ni comprar cosas innecesarias.
- Planear fechas de pagos.
- Ahorrar, si es posible, un 10% mensual.

El poder y el control exagerados no son compatibles con la intimidad. Las relaciones de pareja funcionan sólo cuando cada parte está dispuesta a que la otra conozca sus vulnerabilidades.

Con una buna comunicación se está más protegido para tomar decisiones en equipo. Si la pareja no logra ponerse de acuerdo o uno de los miembros desconoce los derechos legales o económicos del otro y llega a injusticias o abusos inmanejables, se debe acudir a un abogado o psicólogo experto en pareja y familia.

CAPÍTULO 5

Conflictos y perspectivas en la pareja

La rutina: enfermedad mortal del amor

Cuando la relación de pareja, después de un tiempo de convivencia, se torna rutinaria, agotadora, insoportable, sin interés o indiferente, y la vida se vuelve insípida y aburrida, le falta imaginación y sentido del humor, es que se han instaurado el tedio y la monotonía, que son de las principales causas de separación en las parejas.

La rutina y el tedio indican que se ha dejado de cumplir uno de los objetivos principales de la relación de pareja, que es facilitar el enriquecimiento mutuo de sus miembros: estar activo, inquieto, buscar fuentes nuevas de información y satisfacción para mantener un alto grado de intercambio.

La rutina empobrece, aburre, y en ocasiones lleva a buscar la distracción y a establecer vínculos extramatrimoniales. La etapa del enamoramiento es bien diferente a la de la convivencia. Los enamorados tienen altos índices de motivación, emociones muy fuertes, deseo y excitación sexual. Las expectativas son irreales y bastante idealizadas. Por ejemplo, esperamos que la persona que elegimos como pareja llene en forma total y permanente nuestras necesidades afectivas.

Por lo general las parejas deciden convivir porque sus miembros tienen una alta motivación para estar juntos, pero olvidan que la cotidianidad hace que las emociones pierdan intensidad y que decaiga el nivel de motivación.

Las parejas, cuando pasa el período de enamoramiento, dejan de hacer cosas nuevas y diferentes, no se preocupan por rescatar eventos, situaciones y recuerdos agradables y volverlos a vivir. Toman el hecho de estar juntos como algo lógico que les viene dado de afuera y ni siquiera se preguntan si hay que construirlo. Por ejemplo, se olvidan de buscar tiempo para hablar o compartir sus preocupaciones, sueños y expectativas; compartir alguna actividad, disfrutando del otro, para rescatar el deseo a través de la aventura.

Cuánto tiempo pasa usted con su pareja

¿Un rato? ¿Dos veces al día, a la semana, al mes o después del noticiero de la noche? Revise su vida diaria: ¿qué es lo primero que hace cuando se levantan? ¿Se saludan, se abrazan, se dan un beso? ¿O cada uno gira hacia su borde de la cama y ni siquiera se miran, para continuar con las labores rutinarias, tales como desayunar o ayudar a los niños a vestirse? ¿Es agradable el momento en que comparten anécdotas o toman una taza de café de prisa porque se hace tarde para ir al trabajo? ¿Después hay alguna llamada durante el día, o solamente un contacto telefónico para encargar el pan y la leche? Finalmente, cuando llegan a casa, ya cansados, a ver televisión, cuando es imposible la comunicación, ¿aparece algo de ternura, de deseo o de cariño?

Como podemos ver a través de estas preguntas, la comunicación, la intimidad y, por supuesto, el erotismo y la sexualidad quedan relegados al último plano. Compartir planes, explorar deseos, hablar de las historias personales, de la niñez, por ejemplo, desarrolla la capacidad para ser amigos y amantes. Comunicar una y otra vez detalles, reírse, ponerle humor a la vida, rompe la monotonía.

El amor dentro de la convivencia implica saber amar, y ello requiere un aprendizaje: hábitos y costumbres para cambiar, errores que rectificar y acuerdos que pactar. Porque el amor se cultiva a lo largo de toda la vida.

El enamoramiento se caracteriza por:

- Largo tiempo dedicado al placer y al ocio.
- Alto grado de novedad y curiosidad.
- Intercambio casi permanente de conductas muy gratificantes.
- Expectativas agradables e idealizadas tanto del presente como del futuro.
- Un bajo nivel de responsabilidades.

Con la convivencia todos estos puntos cambian, y en consecuencia el nivel de gratificación es infinitamente menor: ya no es necesario salir porque se tiene un espacio que hay que cuidar. Por lo tanto hay que limpiar, lavar, ordenar y cocinar. Estas obligaciones exigen que la pareja sea suficientemente hábil para compartir estas responsabilidades. El tiempo libre y el acceso a ciertas distracciones se limitan.

Cómo armar un equipo para romper la rutina

- Realizar las cosas interesantes y divertidas que les gustaba hacer cuando eran novios: bailar, caminar, pasear.
- Dejar libre la imaginación. Probar ideas nuevas y sencillas. Por ejemplo, al levantarse o en cualquier momento encontrar una sorpresa como una tarjeta o una llamada telefónica que diga: «Te amo» o un mensaje, como «Siga la flecha» o «Busca en el segundo cajón. Allí encontrarás un detalle: un dulce, una flor»...
- Gozar de la relación de pareja. ¿Cómo? Haciendo sentir a la otra persona importante, cercana. Tocarse, masajearse sensualmente, sin demandas o simplemente con curiosidad, sin pretender llegar al acto sexual, con afecto, con amor, con mucho cariño. En una buena relación de pareja se planean tiempos para los dos, tardes de descanso y de gozos, espacios para vivir estas experiencias.
- No abandonar el humor por mucho tiempo. Reír quita las preocupaciones, mejora la salud y la calidad de vida. Se logra a través de la conversación, la carcajada franca, los gestos, las miradas, las muecas y posturas. Los matices de humor son infinitos y cada uno puede ejecutarlos a su manera.

Finalmente, recordar que vale la pena luchar la vida en pareja, en un terreno de aventura, en el que hay que superarse día a día. El amor es un proyecto inacabado en el que no hay nada definitivamente ganado. La relación debe ser viva y abierta, debe permitir a diario la satisfacción de experimentar nuevos estímulos y profundizar los sentimientos. Ningún plan sirve por mucho tiempo en las relaciones de pareja. Las necesidades de ésta cambian frecuentemente y por tanto hay que ir adaptando las respuestas. La rigidez y la monotonía son enemigos de la adaptación.

Cuando aparece una tercera persona

Los primeros motivos de separación en algunos países latinoamericanos son la infidelidad y los celos, seguidos por la rutina, la violencia y las presiones económicas.

Los hombres siguen siendo más infieles —dos de cada tres—, pero a medida que las mujeres han adquirido un mundo propio, han empezado a competir en este campo con los hombres.

La infidelidad o relación triangular implica una ruptura deshonesta, un engaño o traición del acuerdo afectivo-sexual implícito o explícito que la pareja hace cuando decide convivir.

La mayoría de los hombres manejan de modo diferente estas relaciones porque las consideran simplemente necesarias para su vida. Por eso algunos tienen relaciones extraoficiales permanentes o esporádicas con otra mujer sin romper el vínculo estable. En cambio, muchas mujeres las tienen cuando hay un vacío existencial, y por ello son más propensas a separarse e iniciar una convivencia con su amante. Ellos pueden desligar el afecto del sexo y no involucrarse emocionalmente. Ellas integran comunicación, afecto y sexo y se comprometen emocionalmente.

Pero al profundizar en este tema, la cuestión no es tan sencilla como la presentan los medios de comunicación. El duelo por la pérdida de la idealización del vínculo revive un pasado doloroso como, por ejemplo, padres que tuvieron este problema, muertes de seres queridos o situaciones de la historia individual o de pareja que recuerdan sentimientos de abandono, cambio y renuncia.

El duelo es aún más grave para las personas que han padecido dependencia emocional con su pareja (codependencia), porque el vínculo lo es todo y al saber del triángulo amoroso hay una pérdida grave de la autoestima, sentimientos catastróficos de muerte y manifestaciones dramáticas de duelo que pueden producir reacciones psicosomáticas e incluso intentos de suicidio.

Nadie puede medir la reacción de las personas frente a la infidelidad. Eso depende de la historia personal y del significado del contexto en el que se vive. Aunque la mujer tiende a ser más fiel por la enseñanza cultural y más dramática en su reacción de duelo, no son pocos los casos de hombres que presentan respuestas emocionales graves por la infidelidad de su compañera.

Algunos hombres y mujeres demuestran más descontrol y ansiedad ante las emociones fuertes debido a factores genéticos o hereditarios que predisponen directamente contra la infidelidad. Si además estas personas han recibido una educación tolerante y complaciente respecto a las relaciones paralelas, pueden presentar trastornos graves de personalidad. Es el caso del donjuán o casanova, de la personalidad compulsiva y de las personas adictas al sexo.

Otros hombres y mujeres tienen expectativas muy irreales que no se cumplen en la vida cotidiana, lo que dificulta la expresión de sentimientos, obstaculiza la comunicación y facilita la aparición de terceras personas.

También es frecuente observar en algunas parejas, después de un tiempo de convivencia, que el erotismo y la sexualidad se rutinizan, especialmente en las diferentes etapas del ciclo de la pareja: al nacer los hijos, cuando se van y por temor a envejecer. Finalmente, la infidelidad también se da en algunos casos por venganza, por curiosidad, por enamoramiento de otra persona, por desamor y en matrimonios jóvenes sin experiencia.

Reacciones más frecuentes frente a la infidelidad

- Plantear la separación en forma inmediata.
- Fingir no saber. No se ponen límites por inseguridad y miedo de perder a la pareja.
- Aparece una profunda depresión o una enfermedad psicosomática por no poder elaborar el duelo.
- Agresión física o verbal que puede volverse crónica y terminar en misoginia (desprecio del hombre a la mujer) o misoandria (maltrato de la mujer al hombre).
- Celos con rasgos posesivos y de control, culpabilizando permanentemente a la pareja, lo que genera en ella desconfianza profunda y permanente.

El sentimiento de los celos es profundamente humano. Si son moderados, despiertan los mecanismos de la seducción y reactivan el poder afrodisíaco del deseo. Pero los celos patológicos no son un signo de amor sino una expresión de inseguridad y dependencia, cuyo ideal es la exclusividad. Cuando no existimos más que por y para otro, el menor desvío de la mirada es una negación de la identidad.

Qué hacer frente a la infidelidad

Los dos miembros de la pareja deben trabajar el duelo por la pérdida idealizada del vínculo, confrontarse y replantear las modificaciones necesarias para el futuro de la relación. Sólo de esta manera es posible recuperar la confianza y la lealtad perdidas.

Cuando se identifique con claridad que la persona infiel padece un trastorno de ansiedad que la lleva a buscar relaciones sexuales en forma obsesivo-compulsiva, se necesita terapia individual, terapia de grupo y muy posiblemente droga para la ansiedad. Este tipo de trastorno no cambia por acto de fe: es una enfermedad que necesita tratamiento; sin embargo, con frecuencia se asume que es algo natural, especialmente en el hombre, porque la cultura y la educación han fortalecido esta creencia. Hace muchos años al hombre con estas características se lo denominaba «donjuán», y a la mujer «ninfómana», debido a la desigualdad entre uno y otro género. A él le estaba permitida la libertad sexual y a la mujer, por el contrario, se le inhibía. Hoy en día se han eliminado estos rótulos y se trata de entender que las relaciones triangulares son problemas humanos que no deben juzgarse sino comprenderse para buscar su solución.

Nadie puede tener la certeza de ser inmune a la infidelidad; por eso hay que alimentar la confianza, fortalecer el compromiso, la autoestima y no dejar de comunicarse.

Recomendaciones

- Conocerse a sí mismos y a su pareja antes de convivir y resolver los problemas de la historia personal con sus respectivos padres.

- Evitar comprometerse en una relación estable antes de tener otros vínculos sentimentales y esperar un tiempo prudencial para conocerse antes de encargar el primer hijo.
- Reflexionar, procesar y decantar el problema antes de tomar la decisión de separarse por una relación que generalmente es inmadura, que llena vacíos del pasado en forma temporal y que muchas veces es una obsesión sexual y no una verdadera relación integral.
- Una decisión sorpresiva y no trabajada emocionalmente provoca un duelo gravísimo a la pareja y un trauma a los hijos, que si son muy pequeños pueden presentar regresiones de la personalidad.
- Asistir a terapia de pareja mixta (sesiones individuales y de pareja con el mismo terapeuta) antes de separarse, o si es imposible evitarlo, separarse sólo temporalmente (tres meses) y asistir a terapia individual cada uno por separado.
- Si ya se separaron, ir al terapeuta de niños para que guíe a los padres en el proceso y asistir a terapia individual para elaborar adecuadamente la pérdida del vínculo.

La mayoría de las infidelidades pueden manejarse, asumiendo las crisis como un reto y una oportunidad para enfrentar los vacíos y las dificultades que tenía el vínculo antes de que apareciera la tercera persona.

Los celos

Los celos han sido objeto de numerosos estudios, obras literarias, películas y telenovelas. Lo que realmente muestran es una actitud de desconfianza que hace sospechar al sujeto de la existencia de una tercera persona en la vida estable de su pareja. Los celos aparecen en las diferentes etapas del ciclo vital, pero cuando la frecuencia e intensidad aumentan pueden reflejar un patrón de comportamiento desarrollado en la infancia que indica una baja autoestima y poca seguridad afectiva.

El sentimiento de los celos es normal cuando se comparte la vida con una persona y se siente la posibilidad de perderla. Puede aparecer también porque un cónyuge crece y se desarrolla emocional, profesional y económicamente más que el otro miembro de la pareja. Pero cuando los celos pasan de ciertos límites, pueden ser patológicos e incluso llevar a la separación.

Componentes de los celos

- **Pensamientos**: «Ya no me quiere», «No soy importante», «Lo voy a perder». Este componente cognitivo puede volverse obsesivo y producir un profundo malestar a la pareja.
- **Emociones**: culpa, rabia y miedo de perder al ser amado.
- **Conductas**: controlar, reclamar, cantaletear, chequear, esculcar.

Las personas que más sufren son las que tienen una extrema dependencia de su pareja porque la separación representaría una pérdida grave para la autoestima. Esto se debe a que sus padres presentaron también comportamientos de desconfianza entre ellos, porque no fueron suficientemente amados durante la niñez o porque en sus primeras relaciones amorosas experimentaron la infidelidad.

Los celos patológicos

Cuando los celos se intensifican y la persona empieza a perder el control, es señal de que está viviendo un proceso irracional que la empuja a trasladar los problemas emocionales del pasado, —cuando sufrió carencias y desprotección— a su pareja, a quien culpa por no llenar las expectativas afectivas más profundas de cariño, afecto y apoyo. Esta persona manifiesta una necesidad inconsciente de que su pareja reaccione como si fuera una parte de sí misma.

Vigilar, espiar y observar constantemente a la pareja, violar su intimidad, perseguirla para tratar de conocer sus más íntimos secretos, corresponde a un deseo irracional de poseer en forma total al compañero o compañera.

A su vez, la pareja de la persona celosa, para evitar conflictos y por temor a ser interrogada con base en suposiciones y sospechas infundadas, no le dice toda la verdad, lo cual lleva al individuo celoso a comprobar que lo que supone es cierto, reaccionando con más sentimientos de desconfianza.

Cuando los celos no se confrontan pueden expresarse a través de somatizaciones como jaquecas, gastritis, pérdida del apetito e incluso con intentos de quitarse la vida como un mecanismo para llamar la atención o por desesperación. Este tipo de reacción es más frecuente en las mujeres debido a la educación dependiente que la cultura latina les ha tratado de transmitir. En los hombres, por lo general la respuesta más común es de rabia e intenso dolor por la pérdida de poder y de control, y como reacción suelen utilizar la amenaza de la separación con la intención de llevarse los hijos y manejar en forma unilateral el dinero.

Tanto hombres como mujeres pueden amenazar con contarles sus sospechas a los hijos, lo cual es absolutamente traumático y cruel con ellos.

Recomendaciones para quien experimenta celos

- Tomar conciencia de su pasado conflictivo o traumático y aceptar su responsabilidad.
- Validar los sentimientos de desilusión y de tristeza de su pareja y reparar el maltrato causado.
- Reconocer la necesidad de una ayuda psicológica que permita un cambio de comportamiento para evitar nuevos desencuentros.

Recomendaciones para quien es víctima de los celos

- Poner límites claros y firmes a su pareja cuando aparecen sospechas o suposiciones, cuando es espiada, controlada o violada en su autonomía.
- Conectarse con su pasado para entender su actitud permisiva y complaciente.
- Buscar ayuda terapéutica si su autoestima está muy baja y no sabe poner límites al maltrato, o incluso para llegar a la decisión de separarse, cuando se han experimentado agresiones físicas y psicológicas.

El amor requiere madurez para comprender que el cónyuge no es una parte de uno mismo. Poseer no es comprender sino dominar y pretender asumir el control que sólo puede tener de sí misma la otra persona.

Para vivir en paz y armonía con la pareja es indispensable el respeto a la autonomía, porque ninguna persona sensata hablará de amor cuando convive con otra que tiene las manos y los pies atados. Como dice Wilhelm Reich: «Ningún hombre honesto se ufanará del amor de una mujer a la que compra por el mantenimiento que le asegura o por el poder social. Ninguna persona que se estime aceptará el amor que no es dado libremente».

Es importante resaltar la responsabilidad que los dos miembros tienen en el manejo de los celos. El amor es un diálogo basado en el respeto y la ternura hacia el otro, es un proceso que se construye con base en la reciprocidad y la aceptación de la diferencia.

Maternidad e infidelidad

Son frecuentes los casos de parejas jóvenes que consultan cuando tienen su primer o segundo hijo, época en la que ella se convierte en madre y él inicia otra relación sentimental o exclusivamente sexual.

Por lo general hay antecedentes en la historia de la relación de pareja: fueron novios por largo período de tiempo, razón por la cual no experimentaron otras relaciones sentimentales; descuidan sus espacios de pareja, tanto los de placer como los de diálogo; la mujer se despreocupa de su figura, no vuelve a iniciar las relaciones sexuales y se dedica más a sus hijos, sin hacer partícipe a su compañero del rol paterno, a pesar de que la responsabilidad es mutua. Por su parte, el hombre comienza a distanciarse, le dedica más tiempo a la televisión y al computador o aumenta su horario de trabajo con la excusa de que es el momento de producir más dinero para sostener y proteger adecuadamente a su compañera y a sus hijos. Cuando puede, ella deja su trabajo y su espacio personal para dedicarse de tiempo completo a su familia, lo cual la coloca en una situación de alto riesgo.

Es importante resaltar aquí cómo algunas mujeres, cuando son madres, se dedican casi exclusivamente a su bebé y a la educación de sus otros hijos, descuidando inconscientemente la relación de pareja. Se inicia entonces un desequilibrio vincular en el que la esposa-madre está como hipnotizada con el bebé, es su única prioridad y lo demás se vuelve secundario. El esposo-padre se aleja y se resiente por la falta de atención de ella, sentimiento que no le comunica a tiempo, porque piensa que puede ser un pedido muy egoísta.

Ésta es una época de gran vulnerabilidad porque la pareja con frecuencia no acaba de armar su propio vínculo cuando encarga inmediatamente un hijo o, lo que es peor, la mujer queda embarazada antes de iniciar la convivencia, situación que se complica cuando los dos trabajan y estudian al mismo tiempo.

¿Qué ha pasado? Con frecuencia, uno o ambos miembros de la pareja han tenido dificultades en su hogar paterno, especialmente para solucionar el problema edípico o triángulo, que no es otra cosa que la frustración por la exclusión del hijo de la relación de sus padres, situación que se repite a nivel inconsciente cuando la esposa-madre se dedica casi por completo al bebé, reviviendo los celos que tuvo en su infancia por el padre del mismo sexo.

Por otra parte, a los ojos del marido, su compañera sexual y erótica de antaño se convierte en una madre con senos grandes que dan leche y una barriga protuberante que le recuerda a su propia madre, situación que lo lleva a alejarse aún más del vínculo, con el pretexto de que el bebé puede sufrir lesiones durante la actividad sexual-genital. Al sentir como incestuoso el acto sexual con su mujer-mamá, sale a buscar una mujer-hembra que generalmente encuentra con facilidad en sus ocupaciones laborales, la idealiza y siente que ahora sí ha encontrado el verdadero amor.

La esposa, que aún presenta un trastorno hormonal y con frecuencia sufre de depresión posparto debido a la reciente maternidad, recibe la noticia en forma sorpresiva y en el momento menos oportuno, de que su esposo necesita «un espacio para reflexionar porque está confuso» o le confiesa que tiene otra mujer, que ella sí lo entiende y que vivir por los hijos solamente no vale la pena.

Algunas veces el esposo vuelve después de un tiempo, cuando ha desidealizado la otra relación, pero puede ocurrir que el dolor y el resentimiento que aún siente su compañera permanente se convierta en una venganza sin límites que retarda el perdón y la reconciliación. En otros casos, cuando el marido quiere regresar, puede ser demasiado tarde porque la esposa ya ha elaborado el duelo por su partida, está más tranquila y no quiere reiniciar la relación o tiene otro vínculo que le da más satisfacción y enriquecimiento personal.

La ayuda de fondo frente a este problema es la prevención. Por una parte, si los miembros de la pareja son conscientes del riesgo tan grande de una infidelidad en esta etapa y si han entendido la responsabilidad de las consecuencias emocionales para la pareja y los hijos, podrán desarrollar habilidades de comunicación y estrategias de control para no actuar a la ligera y herir, en forma a veces irreparable, los sentimientos de la familia.

Por otra parte, los modelos que se dan a los hijos para elegir a la pareja y mantener relaciones emocionales sanas y estables se inician desde el momento en que se encarga al bebé. Pero los padres parecen olvidarlo con frecuencia y sólo lo recuerdan cuando aparecen graves problemas en los hijos debido al mal manejo de sus dificultades personales que son compensadas por terceras personas.

En vez de utilizar un camino fácil que generalmente es la evasión y la sustitución del cariño, el diálogo y el sexo fuera de la relación permanente de pareja, sería más válido confrontar lo que sucede en el interior del individuo, expresar los sentimientos insatisfechos y manejarlos. Muchas veces ante las dificultades de las diferentes etapas de la vida de las parejas, las reacciones disfuncionales de sus miembros tienen mucho que ver con la falta de información, la ausencia de preparación y con un profundo vacío en la existencia de valores como la tenacidad y la perseverancia permanentes para salir adelante en el manejo de los problemas sentimentales.

Violencia familiar

Algunas mujeres desde muy temprano aprendieron a ser abnegadas y permisivas con los hombres, y por ello se las elogiaba y premiaba. Además, sus familiares les enseñaron a lo largo de su historia personal que esas conductas eran muy femeninas y dignas de amor.

También hay algunos hombres que aprendieron desde muy pequeños a mantener el control sobre la mujer, culpándola y maltratándola, sin asumir responsabilidad alguna por sus propios actos. Además, vieron cómo su padre lesionaba a su madre, y aunque eso no les gustaba, ahora están repitiendo ese mismo comportamiento con su compañera.

Este conjunto de hombres y de mujeres pertenecen al grupo de parejas que utilizan diferentes formas de maltrato en la intimidad, cuyo denominador común es la intolerancia frente a la diferencia.

En todas las clases sociales, económicas y culturales de los países latinoamericanos, las relaciones de pareja han cargado con el dolor y el maltrato que se anidan en la convivencia diaria y que con facilidad llegan a la violencia. En unos casos se elimina a las personas con un arma, mientras que en otros se hace a través de un gesto, una palabra o una acción.

En la vida de la pareja hay espacios inundados por la rabia y la destrucción durante meses e incluso años, que forjan un tipo de comunicación basado en la queja y el reproche y en los que el trato es cruel e irónico en la expresión verbal y corporal. No es violento solamente quien golpea a otro, lo es también quien, para ejercer control y poder, asume una actitud con la que pretende ignorar a la otra persona hasta llevarla a la desesperación y a la más profunda dependencia. Lo más grave en estos casos es la pérdida de la autoestima de la víctima y, en consecuencia, los profundos sentimientos de culpa que pueden ser expresados a través de su cuerpo, con problemas de índole psicosomática, como dolores de cabeza permanentes, úlceras o abuso de drogas y alcohol.

El victimario no sufre en la misma medida ni experimenta sentimientos de culpa o de remordimiento que lo lleven a reconocer y aceptar sus fallas.

Un caso típico es del misógino y su compañera: el hombre la desprecia, es cruel y agresivo con ella y la mujer lo sigue «amando», lo que en el fondo no es amor, sino adicción y dependencia. El hombre puede utilizar desde la intimidación, las amenazas y los zarandeos hasta conductas más sutiles y encubiertas, como las humillaciones constantes o las críticas destructivas.

Pero la mujer también tiene una gran cuota de responsabilidad en esta relación obsesiva, y es su falta de límites. Es incapaz de expresar sus derechos, y ante una actitud agresiva de su marido se sorprende y se pregunta: «¿Será que yo tuve la culpa?». En vez de interpretar esa expresión colérica como una advertencia, aprueba esa conducta inaceptable. Basta que ella acepte una sola vez ser atacada en su autoestima para que quede enganchada en una relación obsesiva de la cual será muy difícil salir, porque con la culpa el hombre logra manipularla y hacerla dudar de su propio valor y sentir.

También hay muchos casos de mujeres que maltratan a sus compañeros y hombres que lo permiten, pero en menor cantidad.

Reflexiones para la mujer

- ¿Su compañero muestra una actitud de desprecio, crueldad, descalificación o agresión, un tiempo después de que la relación apasionada e intensa la ha hecho sentirse amada por ese «príncipe azul» que conoció en un principio?
- ¿Él es encantador e incluso afectuoso en ocasiones, pero cambia súbitamente y la insulta, critica y subvalora?

- ¿Es usted complaciente, no sabe fijar límites y está dispuesta a darlo todo a cambio de nada?
- ¿ Ha sido educada como un ser incompleto, carente de autonomía, que se alimenta de la dependencia para poder sobrevivir?
- ¿Siente un profundo miedo a estar sola, a separarse y a sentirse abandonada?
- ¿Duda de sus capacidades y ha llegado a tener profundas depresiones?

Si sus respuestas son afirmativas, usted posiblemente sea la compañera de un misógino y ha sido educada para complacer, desarrollando un rol de madre de su esposo, razón por la cual termina cediendo y aceptando los ataques físicos y verbales y las expresiones de desprecio de su compañero.

Reflexiones para el hombre

- ¿Mantiene usted el control y lo utiliza sobre su compañera, negándose a asumir responsabilidad alguna por el sufrimiento que sus agresiones ocasionan y culpándola de los sucesos desagradables?
- ¿Manifiesta una profunda falta de sensibilidad para comprender el dolor que causa a su pareja y no experimenta sentimientos de culpa, remordimiento o angustia?
- ¿Siempre tiene que ganar y ella perder, pues es imposible dialogar y llegar a acuerdos?
- ¿Presenta una profunda ambivalencia frente a la figura femenina, que se debate entre su necesidad de amar y el profundo temor que ella le inspira?

Si sus respuestas son afirmativas, es posible que usted tenga rasgos misóginos. Este desequilibrio proviene de su niñez; posiblemente su padre era un abusador con su madre y sus hermanas. Además, la cultura refuerza este tipo de comportamientos, exaltando una imagen masculina que vale por su capacidad para dominar y controlar a la mujeres. El misógino también tiene una baja autoestima que se alimenta con el maltrato y el desprecio hacia su compañera.

Sugerencias

- Revisar las relaciones afectivas sostenidas con la familia de origen de ambos miembros de la pareja e identificar si existen patrones de maltrato y cómo están influyendo en la actual relación de pareja.
- Tomar conciencia del pasado y tratar de comprenderlo. Elaborar los duelos de las relaciones traumáticas de la infancia. Esto ayuda a conceptualizar el pasado en forma coherente, lo cual permite cambiar los patrones malsanos de relación.
- En la próxima interacción de maltrato trate de tomar distancia para darse cuenta de la realidad del problema. Procure fijar unos límites y expréselos verbalmente y con actitudes, de la manera más asertiva posible, durante el mismo momento de la agresión.
- Si no puede enfrentar este problema individualmente, es necesario acudir a la ayuda profesional, pues este tipo de relaciones es de muy mal pronóstico, porque en el fondo se trata de trastornos obsesivos que requieren terapia individual, de pareja y de grupo, e incluso muchas veces droga psiquiátrica. Todo esto, claro está, si la persona está interesada en cambiar.

Cuando se deja de ser pareja

Si allá lejos y hace tiempo me casé con lo que
creía que el otro era. Si finalmente me separé
de lo que el otro es... ¿Quién soy yo ahora?
BLACHMAN

Llegar a asumirse como pareja de alguien es resultado de un proceso, al igual que dejar de serlo. Sin embargo, entre uno y otro median enormes diferencias. Si el amor es un diálogo en el respeto y la ternura, que se construye aceptando la diferencia; si es ser dos sin dejar de ser uno, pero también vivir diariamente con ese uno hecho de dos, ¿por qué tantas veces se destruye a ese tercero, a ese nosotros que quiere sobrevivir a pesar de los dos?

Si alguna vez nos enamoramos y creemos amar a alguien muy especial; si pasamos del enamoramiento a madurar en el amor y nos hacemos socios activos de sus sentimientos, de su lenguaje y de su cuerpo compartiendo nuestro tiempo como amigos y amantes... ¿qué significa entonces la separación? Significa perder al amigo, al amante, al socio financiero, al padre o madre de nuestros hijos. En fin, perdemos a aquel ser con el cual compartimos las tardes aburridas del domingo…

En este sentido, la separación implica un fuerte impacto emocional, el desgarramiento de nuestras más profundas necesidades, expectativas e ilusiones. Pero no podemos desconocer que la separación también es una alternativa, y a veces la mejor, para aquellas parejas y sus hijos en las que el maltrato físico y psicológico es cotidiano y crónico por problemas de alcohol, drogas, adicción al sexo y al afecto. Para estas parejas y para todas aquellas en las que el vínculo se agotó en el amor, en las que el odio, el miedo y la culpa son los elementos que los unen, cuando dejan de comunicarse, de expresar afecto, de sentir pasión, cuando no se respetan y la intolerancia lleva a la violencia, la separación es una alternativa y no un fracaso.

Pero de todas formas el duelo por la pérdida de una relación es, en muchos casos, agobiante y deja a las personas sumidas en emociones negativas y desesperanzadoras que pueden llegar a la depresión y a reacciones corporales dolorosas; entonces la única manera de curar las heridas es perdonar al compañero o compañera y no aferrarse a ellos. Perdonar es olvidar el pasado doloroso y lleno de temor y situarnos en el presente con amor. Es no condenar, no juzgar.

El perdón es la clave para la paz interior que nos hace ver nuestra responsabilidad e impide que sigamos percibiendo la culpa en la otra persona.

CAPÍTULO 6

Terapia de pareja

Terapia de pareja: una nueva perspectiva

A pesar del aumento de separaciones, la humanidad valora la relación de pareja porque responde a la necesidad que tienen los hijos de contar con una díada parental estable, como condición para el crecimiento de su personalidad. Hace cincuenta años se estableció con claridad la terapia de pareja como un concepto diferente y no como un método adicional de tratamiento para actuar sobre el vínculo, logrando en consecuencia una adecuada solución a los problemas de los niños.

La pareja es un sistema o unidad de comportamiento en el que la manifestación de un problema de sus miembros termina siendo de los dos. Por eso el tratamiento de la pareja va dirigido al vínculo, a eso otro «yo compartido» que establecen los individuos.

Es el caso de una mujer que consulta por falta de deseo sexual. Este «síntoma» individual resulta ser una protesta por el trato descalificador de su compañero pero que ella no es capaz de confrontar con la comunicación verbal directa. La conducta sexual resulta ser un reflejo de la forma como se comunicaba la pareja, que a su vez es un modelo disfuncional de comunicación para sus hijos.

El trabajo del terapeuta vincular, que debe tener años de experiencia tratando solamente parejas, recae en la interacción y su significado entre dos personas y no en las fantasías íntimas de cada individuo.

Los motivos por los que se acude a consulta son muy variados: dificultades en la comunicación y las expectativas, violencia, infidelidad, celos, conflictos con la familia de origen, disfunciones sexuales, adicciones, manejo en los roles del hombre y la mujer, crisis en el ciclo vital de la pareja, separaciones, etc.

La terapia de pareja es una relación interpersonal entre el psicólogo y la pareja, en el que aquél facilita la comprensión de la diferencia, es decir que se reconozcan como dos seres diferentes pero complementarios para que puedan llegar a acuerdos que les permitan cumplir las expectativas reales de cada uno. Para ello es indispensable identificar y clarificar los pensamientos y comportamientos distorsionados de los individuos que por las vivencias de sus propias experiencias pasadas, alteran la imagen de su compañero. Así la comunicación fluye y surge en forma abierta y espontánea. El terapeuta debe ser un observador imparcial, abierto a las necesidades de cada una de las partes, con un autoconocimiento profundo y una evaluación de su desempeño que le permitan mantener la neutralidad y utilizar sus propias reacciones como fuente de datos que guíen su trabajo.

El terapeuta no da soluciones; crea mayor conciencia y desarrolla formas alternativas de interacción capaces de producir alivio y enriquecimiento personal y vincular, y maneja y controla sus propias emociones para no aliarse con una de las partes. Debe ser consciente de que restablecer el vínculo, o por el contrario, romperlo, son decisiones que incumben solamente a la pareja.

Se parte de la base de que la verdad de las parejas es un «consenso que se construye». No hay personas que posean la verdad y otras que no; el terapeuta tampoco la tiene. Esto permite medir la dimensión de la responsabilidad que asume el terapeuta en su tarea, así como sus límites.